# Echt türkisch!

## 80 Originalrezepte von Börek bis Baklava

# Echt türkisch!

## 80 Originalrezepte von Börek bis Baklava

Latife & Hilal Arslantaş
Fotos von Cettina Vicenzino

CHRISTIAN

Unser Verlagsprogramm finden Sie unter
www.christian-verlag.de

Idee, Konzept und Produktmanagement:
Florentine Schwabbauer
Text und Rezepte: Latife Arslantaş,
unter Mitwirkung von Hilal Arslantaş
Fotografie: Cettina Vicenzino
Text- und Rezeptredaktion: Stefanie Hoenes
Korrektur: Petra Tröger
Layout und Satz: Cettina Vicenzino
Umschlaggestaltung: Cettina Vicenzino
Herstellung: Bettina Schippel
Repro: Repro Ludwig, Zell am See

Druck und Bindung: Printer Trento
Printed in Italy

Die Deutsche Nationalbibliothek verzeichnet diese Publikation in der Deutschen Nationalbibliografie; detaillierte bibliografische Daten sind im Internet über http://dnb.d-nb.de abrufbar.


1. Auflage 2011


ISBN 978-3-86244-030-6


Christian Verlag
Postfach 400209
80702 München
E-Mail: lektorat@verlagshaus.de

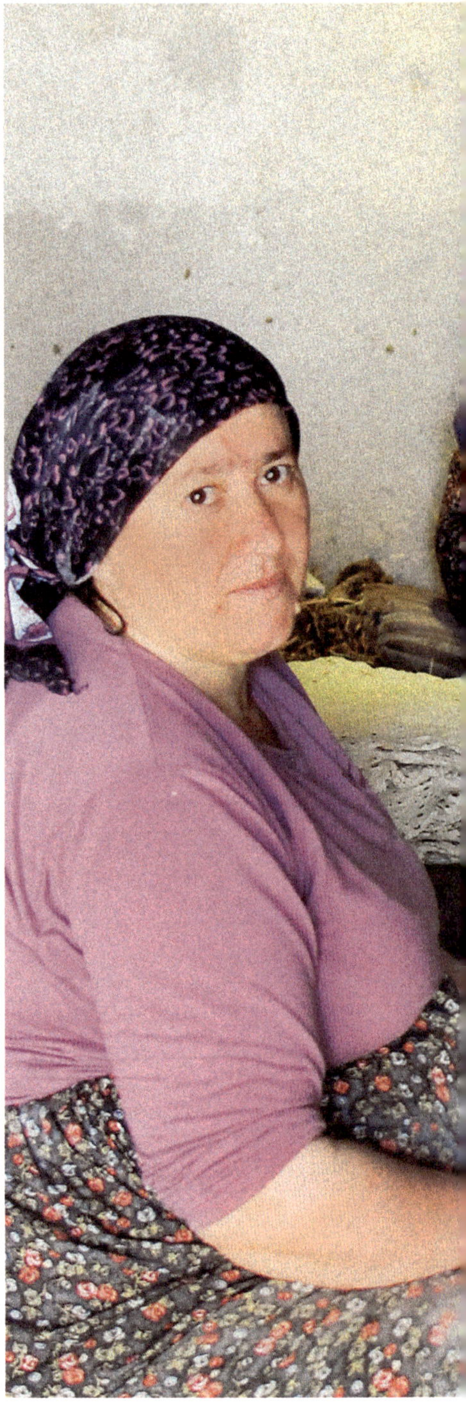

# Inhalt

Feste:

# Vorwort

## Von Cettina Vicenzino

„Echt?" lautete oft die Frage, wenn ich davon erzählte, nicht nur auf einen mir fremden Kontinent, mit einer mir fremden Kultur, dessen Sprache ich nicht mal im Ansatz verstehe, zu reisen, sondern auch noch mit einer mir völlig fremden Familie einige Wochen auf engstem Raum zu leben, um meiner Lieblingsbeschäftigung – dem Essen – nachzugehen. Wollte ich noch vor einem Jahr die Leser mit meinem Kochbuch „Mamma Maria!" in eine echte sizilianische Familie einladen, fand ich mich auf einmal selbst als Gast in einer echt türkischen Familie wieder – der gastfreundlichen wie ebenso offenherzigen Familie Arslantaş. In ihrem kleinen Heimatdorf angekommen, durfte ich nicht nur die Türkei – für mich zum ersten Mal – besuchen, sondern bekam die Möglichkeit, in kurzer Zeit über 80 original türkische Familienrezepte von Latife Arslantaş genießen zu dürfen, ihre große Verwandtschaft kennenzulernen, verschiedene Feste und Rituale direkt mitzuerleben und festzustellen, dass man sich in der Fremde und bei Fremden wie zu Hause fühlen kann. Zum Schluss hatte ich nicht mal mehr bemerkt, dass ich die Sprache nicht verstehe. Ich saß, wenn ich nicht gerade für dieses Kochbuch am Fotografieren war, diesen wunderbaren schwarzen Tee trinkend, mittendrin in der Familie und habe „die Türkei" genüsslich auf mich einwirken lassen.

So musste ich erneut feststellen, dass eine fremde Kultur sich am einfachsten über das Essen und das Zusammensitzen verstehen lässt. Dazu gehören auch die Menschen, ihre Geschichte, ihre Umgebung, aber auch die eigene Offenheit. Dies so nah erleben zu dürfen, war für mich ein besonderes Erlebnis, welches ich sogar für dieses Kochbuch fotografisch festhalten durfte, damit auch andere die Möglichkeit erhalten, am Esstisch der Familie Arslantaş dabeizusitzen. Und nun sind auch Sie mit diesem Buch mittendrin. Viel Spaß!

# Einführung

Im Sommer vergangenen Jahres bot sich mir die Gelegenheit, mir einen Herzenswunsch zu erfüllen: ein Kochbuch zu schreiben.

Ich wollte schon lange all die vielen Gerichte, die ich aus meiner zentralanatolischen Heimat kenne und die ich auch in München, wo wir seit vielen Jahren leben, gerne zubereite, den Freunden der türkischen Küche (und solchen, die es werden wollen) empfehlen. Gleichzeitig zweifelte ich daran, ob ich es schaffen würde, so ein Projekt zu realisieren. Ich hatte ja keinerlei Erfahrung auf diesem Gebiet. Und so hat ein Teil in mir immer wieder Gründe dafür erfunden, das Ganze sein zu lassen, und der andere Teil in mir immer mehr Gründe dafür, mich doch an die Arbeit zu machen.

Schließlich haben mich die Begeisterung meiner ganzen Familie und die Unterstützung meines Mannes und unserer ältesten Tochter dazu gebracht, dass ich kurz vor unserem Sommerurlaub beschloss: „Okay, wir ziehen das durch!" Oder wie wir auf Türkisch sagen: „*Tamam, başarırız!*" Wenn wir uns richtig Mühe geben, können wir es schaffen – und zwar zu Ramadan, der segensreichen Zeit des Islam. Da musste ja eigentlich alles perfekt laufen.

Und so reisten wir zusammen mit Cettina Vicenzino, der Fotografin, in „unser" kleines Dorf in der Nähe von Sivas. Dort sind ganzjährig nur noch wenige Häuser von alten Leuten bewohnt. Alle anderen leben in Sivas, Istanbul oder Ankara. Die Sommermonate aber, also die drei Monate der Schulferien, die in der Türkei von Mitte Juni bis Mitte September dauern, aber verbringen zwanzig bis dreißig Familien auf dem Land. Das Leben dort ist wirklich noch sehr „ländlich". Alles Gemüse wird noch selbst angebaut – ganz „bio" selbstverständlich. Und was nicht selbst gezogen wird, bekommt man erntefrisch auf den lokalen Wochenmärkten. Im Dorf wurden früher auch Schafe, Ziegen und Hühner gehalten; jetzt holen wir das Fleisch vom Metzger, haben aber immer noch die Gewissheit, dass es von Bauern aus der Umgebung kommt, deren Schaf- und Ziegenherden im Hochland herumlaufen.

In unserem „Ferienhaus“, wo im Sommer die ganze Familie zusammenkommt, fehlen all die modernen Küchengeräte, an die wir uns in München oder in Sivas seit Langem gewöhnt haben. Wir haben deshalb viele Gerichte eben so zubereitet wie meine Urgroßmutter damals, mit einfachen und nicht immer den besten Mitteln. Ganz so perfekt, wie wir es uns erhofft hatten, lief es also nicht immer.
Manches ging erst mal daneben. Der Zebrakuchen ist verbrannt, weil sich im Backofen die Temperatur nicht regeln ließ. Wir mussten ihn bei meinem Onkel, der immer im Dorf lebt, noch einmal backen. Manchmal war es ganz schön hektisch, weil in mehreren Häusern gleichzeitig gebraten, gebacken und gekocht wurde, damit wir in der knapp bemessenen Urlaubszeit alles schaffen. Dabei hat die ganze Familie geholfen. Schwestern, Mütter, Schwiegermütter, Omas und Tanten waren unermüdlich im Einsatz, um die achtzig für dieses Buch ausgewählten Gerichte zuzubereiten. Der Bruder meines Mannes war ständig unterwegs, um für alle Gerichte die Zutaten zu besorgen.

Manchmal war es auch anstrengend wegen der hochsommerlichen Temperaturen. Da waren die Picknicks am Fluss, die in der Türkei allgemein sehr hoch geschätzt werden, wirklich eine willkommene Erfrischung, auch wenn dabei – wie immer in diesen Wochen – gegrillt und gebraten wurde. Und da die Fastenzeit in den August fiel, war es noch ziemlich lang hell an diesen Tagen, während derer wir von Sonnenaufgang bis Sonnenuntergang nichts essen und trinken dürfen. Manche Fotos, auf denen Sie uns beim Essen sehen, entstanden deshalb abends, und Cettina Vicenzino hatte manchmal Mühe mit der Beleuchtung. Auf dem Titelfoto schauen wir zwar alle glücklich auf den mit vielen Köstlichkeiten gedeckten Tisch – und durften doch den ganzen Tag nichts davon zu uns nehmen; aber abends dann dafür mit umso mehr Appetit!

Guten Appetit wünsche ich Ihnen nun beim Nachkochen unserer Familienrezepte.

Latife Arslantaş

# Çorbalar & Salatalar

# SUPPEN & SALATE

Suppe spielt in der türkischen Küche eine ganz wichtige Rolle. Sie steht nicht nur mal als Vorspeise oder mal als Hauptgericht oder auch mal gar nicht auf dem Speiseplan, sondern sie gehört zu den Gerichten, die nahezu täglich gegessen werden – und das nicht nur einmal am Tag. Oft kann man in türkischen Städten sehen, wie Frühaufsteher auf dem Weg zur Arbeit in einer der vielen Lokantas einen Teller Suppe zu sich nehmen.

Diese Suppen sind häufig aus ganz einfachen Zutaten, meist auf Grundlage einer „Einbrenne" aus Mehl und Öl hergestellt und werden mit frischen Kräutern und Gewürzen angereichert. Sie lassen sich schnell und unkompliziert kochen und tagsüber auch leicht aufwärmen. So wecken sie morgens die Lebensgeister (als Frühstückssuppe wird gerne Tarhana-Suppe genossen); sie helfen während des Ramadan, wenn von Tagesanbruch bis nach Sonnenuntergang nichts gegessen und getrunken werden darf, für die nötigen Reserven zu sorgen. So kann jeder, der nach der Arbeit hungrig nach Hause kommt, seinen knurrenden Magen mit einem Teller Suppe beruhigen.

Neben diesen einfachen Suppen gibt es auch die für spezielle Anlässe. Sie werden mit vielen Zutaten (*Aşure*) und viel „Liebe" (Hochzeitssuppe) aufwendig zubereitet. Und wenn es im Sommer sehr heiß ist, lassen sich manche Suppen auch hervorragend kalt genießen. *Aşure* gehört dazu ebenso wie die sommerliche Linsensuppe oder die Almsuppe. Viele dieser Suppen kann man mittlerweile auch hierzulande in den türkischen Restaurants bekommen. Sie warten schon ab dem frühen Morgen frisch zubereitet in großen Gefäßen hinter den gläsernen Theken auf hungrige Kundschaft.

In der Türkei werden auch kalt zu genießende Gemüse oder sommerliche Gerichte mit Hülsenfrüchten gerne als Salat bezeichnet. Mehr davon finden Sie im ganzen Buch.

# Kabak Salatası

## Zucchinisalat

Für 4-6 Personen

1 kg Zucchini
50 ml geschmacksneutrales Pflanzenöl
2 Knoblauchzehen, Keim entfernt
½ TL Salz
5-6 Zweige Dill
500 g Joghurt

Zubereitungszeit: 30 Minuten

Die Zucchini waschen und grob reiben. In einer Pfanne Öl erhitzen und die geriebenen Zucchini bei niedriger Hitze 10-12 Minuten braten; vom Herd nehmen und abkühlen lassen.

Die Knoblauchzehen schälen und sehr fein hacken. Den Dill waschen, die groben Stiele entfernen, die Blättchen zerkleinern.
Den Joghurt in eine Schüssel füllen, den gehackten Knoblauch und das Salz einrühren. Die geriebenen Zucchini in die Joghurt-Sauce geben und sorgfältig unterrühren. Mit klein gehacktem Dill dekorieren und servieren.

Sie können diesen erfrischenden Salat, der sich übrigens auch gut als Vorspeise servieren lässt, auch mit Karotten zubereiten.

# Kabak Çorbası

## Zucchinisuppe

Für 4-6 Personen

400 g Zucchini
100 g Karotten
100 g Kartoffeln
800 ml Wasser
2 EL Keimöl
2 EL Mehl
200 ml Schlagsahne
½ TL Salz
4-5 Zweige Dill oder 1 EL getrocknete Dillspitzen

Zubereitungszeit: 30 Minuten

Zucchini waschen, Karotten und Kartoffeln waschen und schälen. Das Gemüse in Würfel schneiden. Die Karotten- und Kartoffelstücke in 600 Milliliter kaltem Wasser aufsetzen und aufkochen lassen. Nach 5 Minuten die Zucchinistücke hinzufügen und alles sanft kochen lassen, bis das Gemüse gar, aber noch nicht ganz weich ist, anschließend mit einem Pürierstab zerkleinern.

In einer Pfanne Öl erhitzen, das Mehl darin anschwitzen und unter ständigem Rühren mit 200 Milliliter Wasser aufgießen. Diese helle Sauce langsam in die Suppe einrühren, die Schlagsahne unterrühren und die Suppe noch weitere 5-6 Minuten köcheln lassen.
Zum Schluss mit Salz und Dill würzen.

1254
6
4

*Kısır*

# Hübsch angerichteter Bulgursalat

Für 4 Personen

150 g fein gemahlener Bulgur
150 ml kochendes Wasser
100 g Frühlingszwiebeln, fein gehackt
400 g Tomaten, entkernt und in kleine Würfel geschnitten
1 Bund Petersilie
3 EL Olivenöl
je ½ TL Paprikapulver (süß oder scharf), Pfeffer und Salz
2 EL Zitronensaft
1 EL Paprikamark, ersatzweise Tomatenmark
Salatblätter zum Anrichten

Zubereitungszeit: ca. 25 Minuten

Den Bulgur in eine Schüssel geben und das heiße Wasser löffelweise unterrühren; 15 Minuten bei Zimmertemperatur ruhen lassen. Die Frühlingszwiebeln, die Tomaten und die fein geschnittene Petersilie unter den Bulgur mischen. Danach die restlichen Zutaten und Gewürze unterrühren.

Aus der Masse daumendicke Röllchen formen und diese auf einer mit Salatblättern ausgelegten Servierplatte anrichten.

Man kann den Bulgursalat natürlich auch einfach so in der Schüssel servieren. Er schmeckt übrigens an heißen Sommertagen gekühlt besonders gut – auch als Vorspeise oder „Pausensnack."

# Erzincan Çorbası

## Suppe aus Erzincan

Für 8 Personen

250 g Hackfleisch
½ TL Salz
½ TL gemahlener Pfeffer
2 EL Mehl
2 EL Butter
1 Zwiebel
1,5 l Wasser
½ TL Salz
3 Knoblauchzehen, Keim entfernt
500 ml Joghurt
150 g Fadennudeln (*Tel şehriye*) aus dem türkischen Lebensmittelladen

Zubereitungszeit: 45 Minuten

Hackfleisch, Salz und Pfeffer zu einem Fleischteig vermengen. Daraus kichererbsengroße Bällchen formen; das Mehl auf einen Teller geben, die Fleischbällchen darin wenden und auf einen großen Teller legen.

Die Butter in einem Topf schmelzen lassen, die gehackte Zwiebel darin andünsten, nach und nach das Wasser zugießen, salzen und aufkochen lassen. Zuerst die Fleischbällchen und nach 2 Minuten die Fadennudeln dazugeben; alles zusammen so lange kochen lassen, bis die Nudeln gar sind. Die geschälten Knoblauchzehen fein hacken, unter den Joghurt mischen, in die fertige Suppe rühren und unter ständigem Rühren weitere 5 Minuten kochen lassen.

# Tarhana Çorbası

## Tarhana-Suppe

Zutaten für 4 Personen

Auf dem Land bereiten wir *Tarhana* immer in größeren Mengen zu, da man es bis zu einem Jahr aufheben kann. Dazu werden Zwiebeln, Paprikaschoten, Tomaten und Minze weich gekocht und noch lauwarm mit Joghurt, Mehl und Hefe vermischt und gründlich durchgeknetet. Der Teig muss anschließend bis zu zwei Wochen ruhen und wird währenddessen alle zwei Tage durchgeknetet. Danach wird er zum Trocknen ausgebreitet; der angetrocknete Teig wird in Stücke gebrochen, diese werden wieder getrocknet, bis sie sich krümeln lassen. Die Krümel werden dann, wenn sie völlig durchgetrocknet sind, luftig in Baumwollbeuteln an einem kühlen Ort aufbewahrt.

2 EL geschmacksneutrales Pflanzenöl
1 EL Tomatenmark
1 l kaltes Wasser
50 g *Tarhana* aus der Tüte (siehe Glossar)
1 TL Salz
50 g geriebener Schafskäse

Zubereitungszeit: ca. 15 Minuten

Das Öl und das Tomatenmark in einem Topf erhitzen. Nach und nach Wasser, *Tarhana* und Salz einrühren und unter ständigem Rühren bei geringer Hitze 10 Minuten köcheln lassen. Dabei besonders darauf achten, dass sich keine Klümpchen bilden. Zum Schluss mit dem geriebenen Schafskäse bestreuen.

# Peynirli Mantı

## Suppe mit Käse-Teigtäschchen

Für 4-6 Personen

*Für den Teig:*
500 g Mehl
1 Ei
1 TL Salz
180 ml Wasser

*Für die Füllung:*
250 g Schafskäse
1 Zwiebel
1 TL Minze,
½ TL Paprikapulver
½ TL gemahlenen Pfeffer

*Für die Suppe:*
2 l Wasser
80 g Butter
2 EL Paprikamark
1 TL Salz

Zubereitungszeit: 1,5 Stunden

Das gesiebte Mehl, das Ei, Salz und Wasser zu einem glatten Teig kneten. Den Teig ca. 40 Minuten ruhen lassen.
In der Zwischenzeit den Käse reiben, die geschälte Zwiebel fein hacken und zusammen mit den Gewürzen mit dem Käse vermischen.
Den Teig hauchdünn ausrollen und in Quadrate mit etwa zwei Zentimeter Seitenlänge schneiden. Auf jedes Quadrat einen Käsetupfer geben und alle oben fest zusammendrücken (siehe Foto), damit die Täschchen beim Kochen nicht aufgehen.

Das Wasser für die Suppe zum Kochen bringen; in einer kleinen Pfanne die Butter schmelzen lassen, das Paprikamark einrühren und die Mischung zusammen mit dem Salz in das kochende Wasser rühren. Die Käse-Teigtäschchen hinzufügen, vorsichtig umrühren, damit sie nicht zusammenkleben, und 5 Minuten garen lassen. Achtung: Das Wasser darf nicht mehr sprudelnd kochen!

Man kann die *Mantı* auch mit Joghurtsauce oder Tomatensauce genießen.

# Tel Peyniri
## Selbst gemachter Käse

Dieser Käse wird in unserem Dorf aus frisch gemolkener Milch gemacht. Die Zubereitung ist für Kuh-, Schaf- und Ziegenmilch gleich. Wir haben den Käse aus 5 Liter Milch gemacht.

Mit einer handgetriebenen Maschine wird die noch lauwarme (oder abgekochte und wieder abgekühlte) Milch vom Fett getrennt.

Die Molke wird mit 250 Gramm Lab verrührt und muss dann 5-6 Stunden ruhen, bis sie etwa die Konsistenz von Joghurt hat.

Danach wird die Masse in ein feines Baumwolltuch oder eine saubere Jute-Tasche gegossen und mit einem schweren Gegenstand so lange in einem Behälter gepresst, bis alle Flüssigkeit ausgetreten ist. Das dauert noch mal etwa 4-5 Stunden.

Von dem fest gewordenen Käse, der jetzt wie Mozzarella aussieht, wird ein Teil abgeschnitten und in einer beschichteten Pfanne geschmolzen, bis er Kaugummikonsistenz hat. Daraus wird in der Pfanne ein Ball geformt; dieser wird dann in der Hand eingedrückt, mit beiden Händen zu einem Ring auseinandergezogen und über den Handgelenken „ausgeleiert".

Die Käseringe werden anschließend in dünne Streifen auseinandergezupft. Auf diese Weise wird der gesamte Käse verarbeitet.

Zum Schluss wird das am Anfang der Herstellung abgetrennte Fett wieder zu den Käsestreifen gegeben und mit den Händen ganz vorsichtig darunter verteilt. Dann kann man den frischen Käse zum Frühstück servieren.

# Patates Çorbası

## Kartoffelsuppe

Für 4-6 Personen

4 mittelgroße Kartoffeln
1,5 l Wasser
1 Zwiebel
4 EL EL Olivenöl
50 g Mehl
1 TL Salz
100 ml Milch
2 Eigelb
1 TL Paprikapulver
1 TL getrocknete Minze

Zubereitungszeit: 40 Minuten

Kartoffeln waschen, schälen, in kleine Stücke schneiden und in 500 Milliliter Wasser kochen, bis sie weich sind, danach pürieren.

In einem anderen Topf zwei Esslöffel Öl erhitzen und darin die geschälte und fein gehackte Zwiebel glasig anbraten. Dann das Mehl dazugeben und unter ständigem Rühren hellbraun rösten. Nach und nach einen Liter Wasser hinzufügen, dabei ständig rühren, damit sich keine Klumpen bilden. Kurz aufkochen lassen, die pürierten Kartoffeln und das Salz einrühren. Milch und Eigelb verquirlen und langsam dazugeben. Die Suppe nun noch 5-6 Minuten bei geringer Hitze kochen lassen.

In einer Pfanne die restlichen zwei Esslöffel Öl erhitzen, Paprikapulver und Minze dazugeben, kurz erhitzen. Zum Schluss das gewürzte Öl mit einem Löffel über die Suppe träufeln.

# İşkembe Çorbası

## Kuttelsuppe

Für 4 Personen

500 g Kuttel vom Kalb oder Schaf
1,5 l Wasser
1 EL Mehl
100 ml Wasser
1 TL Salz

*Für die Würze:*

1 EL Butter
1 TL Paprikapulver
½ TL frisch gemahlener weißer Pfeffer
1 TL getrockneter Thymian oder frische Thymianblättchen
2-3 Knoblauchzehen
50 ml Weißweinessig oder Zitronensaft

Zubereitungszeit: ca. 30 Minuten, Garzeit: 20 Minuten bis 1,5 Stunden

Kutteln in fließendem kaltem Wasser gründlich waschen. In einem Topf mit den 1,5 Litern kaltem Wasser aufsetzen und ca. eine bis 1-1,5 Stunden kochen lassen. Die Kutteln aus dem Topf nehmen ( Achtung, das Kuttelwasser nicht weggießen), über dem Topf abtropfen lassen, in kleine Stücke schneiden und wieder in das Wasser geben. Das Mehl in einer kleinen Schüssel mit den 100 Millilitern kaltem Wasser verrühren, etwas Wasser aus dem Topf einrühren und die Mehlsauce wieder zu den Kutteln hinzufügen. Das Salz unterrühren und die Suppe noch 10 Minuten kochen lassen.

In einer Pfanne die Butter schmelzen lassen, die Gewürze kurz darin anbraten. Vom Herd nehmen. Nach Belieben Essig oder Zitronensaft und den geschälten und sehr fein gehackten Knoblauch in die Würze geben.
Die Suppe heiß servieren und jede Portion mit der Würze beträufeln.

☪ Im Schnellkochtopf brauchen die Kutteln nur 15-20 Minuten!

# Yayla Çorbası
## Almsuppe

Für 4-6 Personen

180 g Weizenschrot *(Dövme buğday)* siehe Glossar
1,5 l Wasser
800 ml Joghurt
2 EL Mehl
50 g Butter
1 EL getrocknete Minze
1 TL Salz

Zubereitungszeit: ca. 1,5 Stunden

Den Weizenschrot waschen, eventuell von Spelzen reinigen, im Sieb abtropfen lassen, in den 1,5 Litern kaltem Wasser ansetzen, aufkochen lassen und sanft kochen lassen, bis die geschroteten Körner aufplatzen und weich sind. Dabei immer wieder vorsichtig umrühren und kontrollieren, ob Wasser nachgefüllt werden muss.

In einer Schüssel Joghurt und Mehl verquirlen und langsam zu dem gekochten Weizenschrot hinzufügen. Die Suppe unter ständigem Rühren aufkochen lassen. Das Umrühren ist jetzt besonders wichtig, weil sonst der Joghurt ausflockt. Bei minimaler Hitze noch 10 Minuten kochen lassen.

In einer Pfanne die Butter schmelzen lassen, die gehackte Minze dazugeben und erhitzen. Zum Schluss die Öl-Minze-Mischung zusammen mit dem Salz in die Suppe einrühren. Heiß servieren.

# Tavuk Çorbası

## Hühnersuppe

Für 4-6 Personen

600 g Hähnchenkeulen
2 l kaltes Wasser
2 EL Keimöl
2 EL Mehl
1 TL Salz
1 TL *Pul biber* (siehe Glossar)

Zubereitungszeit: 1 Stunde, Garzeit 45 Minuten

Die Hähnchenkeulen waschen, in den 2 Litern Wasser ohne Salz und Gewürze aufsetzen, aufkochen lassen und ca. 45 Minuten sanft kochen lassen; den Schaum mit einem Löffel entfernen. Wenn die Keulen gar sind, das Fleisch aus dem Topf nehmen. Achtung: das Kochwasser aufheben!!
Das gekochte Fleisch von den Knochen lösen, vorsichtig zerkleinern und zur Seite stellen.

In einem Topf das Öl erhitzen und mit dem Mehl vermischen. Das Wasser, in dem das Fleisch gekocht wurde, nun nach und nach durch ein Sieb in den Topf mit der Öl-Mehl-Mischung einrühren, dabei darauf achten, dass sich keine Klümpchen bilden.
Die Suppe salzen und weitere 10 Minuten sanft köcheln lassen. Nach Belieben mit dem *Pul biber* bestreuen und heiß servieren.

# Cacık

## Zaziki

Für 4 Personen

500 g Naturjoghurt
2-3 Knoblauchzehen, Keim entfernt
½ TL Salz
200 g Salatgurke
1 EL gehackter frischer Dill

Zubereitungszeit: 15 Minuten

Den Joghurt in eine Schüssel füllen. Die Knoblauchzehen schälen, ganz klein hacken oder im Mörser zerstoßen und mit dem Salz vermischen. Die Paste unter den Joghurt rühren. Die Salatgurke schälen, der Länge nach halbieren, die Kerne mit einem Löffel entfernen, das feste Fruchtfleisch grob reiben und unterrühren. Zaziki mit dem gehackten Dill dekorieren und servieren.

Man kann Zaziki auch noch mit Olivenöl beträufeln.

# Düğün
## Hochzeit

In der Regel dauern unsere Dorfhochzeiten drei Tage, von Freitagmorgen bis Sonntagnacht. Nach dem Freitagsgebet eröffnet der Imam die Hochzeit im Haus des Bräutigams mit Gebeten. Bevor das Fest beginnt, wird ein „Hochzeitsverwalter" gewählt, jemand, der allen sympathisch ist, der die Leute zum Lachen bringen kann und sie gut unterhält. Er ist nämlich die ganze Zeit über verantwortlich für das Wohl der Gäste. Und dazu gehören vor allem Musik und Tanz: Zur türkischen Trommel *Davul* und der Flöte *Zurna* tanzen Frauen und Männer in getrennten Räumen.
Am Samstagmorgen wird ein Nachrichtenüberbringer ernannt. Er muss den Eltern der Braut melden, dass der Hochzeitsverwalter bald mit den Gästen kommt. Für die Gäste der Braut bekommt er allerlei Süßigkeiten mit. Er darf sich aber auf dem Weg dorthin von niemandem erwischen lassen, sonst wird er „bestraft", muss zum Beispiel den Stall auf dem Hof der Braut putzen oder jemanden auf dem Rücken tragen.
Der Hochzeitsverwalter, der von den Brauteltern mit Essen und Trinken begrüßt wird, muss dem Trommler, der dem ganzen Dorf meldet, dass die Braut bald das Haus verlässt, Trinkgeld geben, damit er aufhört und alle in Ruhe essen können.
Samstagabend ist Henna-Abend. Den feiert die Braut mit ihren engsten Freundinnen und Verwandten. Das von einer Freundin zubereitete Henna wird auf einen mit Kerzen geschmückten Teller gegeben. Die Braut, die in der Mitte des Zimmers sitzt, bekommt ein rot besticktes Tuch auf den Kopf, die anderen tanzen im Kreis um sie herum und singen dazu. Das Henna wird zunächst auf die Handflächen der Braut aufgetragen und dann auch auf die der Gäste.
Am Sonntag wird die Braut vom Hochzeitsverwalter und dem Bräutigam aus ihrem Elternhaus abgeholt. An diesem Tag finden auch die islamische und die standesamtliche Trauung statt. Für die Gäste gibt es ein großes Festessen und alle beglückwünschen und beschenken das Brautpaar.

# Ezogelin Çorbası
## Hochzeitssuppe

Für 4 Personen

1 mittelgroße Zwiebel
2 EL Butter oder Margarine
2 EL Mehl
1,3 l warmes Wasser
130 g rote Linsen
40 g Reis
2 EL Tomatenmark
2 EL geschmacksneutrales Pflanzenöl
1 TL Salz
1 TL süßer oder scharfer Paprika
1 EL getrocknete Minze

Zubereitungszeit: 20 Minuten, Garzeit: ca. 15 Minuten

Die Zwiebel schälen und fein hacken. In einem Topf Butter oder Margarine schmelzen lassen und die fein gehackte Zwiebel darin glasig anbraten. Das Mehl hinzufügen und unter Rühren goldgelb rösten. Dann nach und nach das Wasser mit dem Schneebesen einrühren, bis die Flüssigkeit aufkocht; dabei darauf achten, dass keine Klümpchen entstehen; 5 Minuten sanft kochen lassen. In der Zwischenzeit die roten Linsen und den Reis in einem Sieb mit kaltem Wasser gut waschen, abtropfen lassen und in den Topf geben. In einer Schüssel das Tomatenmark und das Öl mit etwas Wasser verdünnen und ebenfalls in den Topf geben. Die Suppe mit Salz und Paprika würzen und sanft kochen lassen, bis die Linsen und der Reis gar sind. Mit viel Minze servieren und heiß genießen.

# Süslü Pilav

## Geschmückter Reis-Pilav

Für 4-6 Personen

Reis-Pilav: Rezept Seite 144

*Für die Köfte:*

500 g Hackfleisch
2 Knoblauchzehen
1 Zwiebel
2 EL Semmelbrösel
1 Ei
je 1 TL Salz, Pfeffer, Paprikapulver
200 ml Pflanzenöl
2 Karotten
200 ml Wasser
3 Zweige frischer Dill

Zubereitungszeit: 1 Stunde 20 Minuten

Zunächst den Reis-Pilav nach dem Rezept auf Seite 144 zubereiten.

Für die Köfte das Hackfleisch in eine Schüssel geben. Knoblauch und Zwiebel putzen, waschen, fein hacken und zu dem Hackfleisch geben. Semmelbrösel, Ei und Gewürze dazugeben und alles gut durchkneten. Den Fleischteig zu Bällchen formen. Das Öl in einer Pfanne erhitzen und die Köfte 7-8 Minuten auf mittlerer Hitze darin braten, bis das Fleisch gar ist und die Köfte außen schön braun sind.
Die Karotten waschen, schälen und in runde Scheiben schneiden. 5 Minuten in kochendem Wasser garen.
Den Reis-Pilav in eine Gugelhupf-Form füllen, gut andrücken und auf einen großen Servierteller stürzen. Den Reis mit den Köfte, den Karottenscheiben und dem Dill schmücken.

# Içli Köfte

## Schwiegermutters Köfte

Für 4-6 Personen

*Içli Köfte* wird in Südostanatolien gerne im Rahmen der Hochzeitsfeierlichkeiten gegessen. Das Gericht hat eine alte Tradition. Wenn die Braut auf dem Weg in ihr neues Heim ist, dann bereitet die Schwiegermutter, die in dieser Überlieferung – wie so oft – nicht besonders gut wegkommt, sofort *Içli Köfte* zu. Aus diesem Anlass verschiebt sie alle Arbeiten, die sie sich vorgenommen hatte. Sie höhlt die *Köfte* aus, füllt sie, verschließt die Öffnung und wünscht sich dabei insgeheim: „Möge der Mund der Braut ebenso versiegelt sein."

*Für die Füllung:*
500 g Kartoffeln
1 mittelgroße Zwiebel
200 g Hackfleisch
100 ml geschmacksneutrales Pflanzenöl
1 EL Paprikamark oder Tomatenmark
1 TL Salz
½ TL gemahlener Pfeffer
½ TL Paprikapulver (süß oder scharf)

Zubereitungsdauer: 1 Stunde, Garzeit: 10 Minuten

*Für den Teig:*
500 g fein gemahlener Bulgur
100 g Grieß
200 ml kaltes Wasser
1 Ei
1 EL Tomatenmark
3 EL Mehl
1 TL Salz
2 l Wasser
1 TL Salz
50 g Butter

Die Kartoffeln waschen, kochen, schälen, und mit einer Gabel zerdrücken. Die Zwiebel schälen und in kleine Würfel hacken. Das Hackfleisch in einer Pfanne ohne Fett anbraten, und im eigenen Saft garen, bis dieser ganz eingekocht ist. Jetzt erst das Öl dazugeben, kurz braten, die Zwiebelstückchen hinzufügen, gut vermengen und bei mittlerer Hitze einige Minuten braten. Dann die Kartoffelmasse, Salz, Pfeffer und Paprika untermischen, die Pfanne vom Herd nehmen und die Masse abkühlen lassen.

Den Bulgur und den Grieß in eine tiefe Schüssel geben, mit dem kaltem Wasser übergießen, kurz umrühren und 20 Minuten quellen lassen. Danach Ei, Tomatenmark und Mehl dazugeben und gut durchkneten. Aus dem Teig in der Handfläche etwa walnussgroße Kugeln formen, mit dem Zeigefinger eine tiefe Mulde hineindrücken und mit einem Teelöffel etwas von der Füllung hineingeben. Die Öffnung verschließen; dafür den Teig vorsichtig zwischen den Handflächen rollen.
In einem Topf zwei Liter Wasser und einen Teelöffel Salz um Kochen bringen, die Bulgurbällchen mit einem Löffel vorsichtig ins Wasser gleiten lassen und zehn Minuten sanft kochen lassen. Die fertigen Bällchen aus dem Wasser nehmen, abtropfen lassen und auf eine große Platte legen.
In einer kleinen Pfanne 50 Gramm Butter schmelzen und die Bulgurbällchen vor dem Servieren kurz eintauchen.

Es lohnt sich, dieses Rezept gleich in einer größeren Menge zuzubereiten. Die Bällchen schmecken – nicht nur anlässlich einer Hochzeit! – heiß und kalt gleichermaßen und können mit *Börek* oder einem Salat zusammen serviert werden.

# Tavuklu Pilav

## Reis-Pilav mit Brathähnchen

Für 6-8 Personen

Reis-Pilav: Rezept Seite 144
1 Brathähnchen (1 kg)
*Für die Würze:*
Saft von ½ Zitrone
2 EL geschmacksneutrales Pflanzenöl
1 TL Kreuzkümmel
1 TL Paprikapulver
1 TL gemahlener weißer Pfeffer
½ TL Salz

Zubereitungszeit: ca. 60 Minuten (ohne Reis-Pilav)

Den Reis-Pilav nach dem Rezept auf Seite 144 zubereiten.

Das Brathähnchen außen und innen gut waschen und abtropfen lassen. Die Würze vorbereiten. In einer kleinen Schüssel den Zitronensaft, das Öl, Paprikapulver, gemahlenen weißen Pfeffer und gemahlenen Kreuzkümmel gut verrühren und das Hähnchen mit der Paste innen und außen würzen; in eine eingefettete Bratform legen und im vorgeheizten Backofen bei 200 °C 45 Minuten braten; die Haut soll schön knusprig und kräftig braun werden.

Den vorher zubereiteten Reis-Pilav auf einer Servierplatte anrichten, das Hähnchen darauflegen, mit frischem Gemüse der Saison oder Salatblättern garnieren und heiß servieren.

# Maklube

## Maklube

Für 4-6 Personen

Reis-Pilav : Rezept Seite 144
gebratenes Fleisch: Rezept Seite 188
500 g Kartoffeln
350 ml geschmacksneutrales Öl zum Frittieren

*Für die Dekoration:*

500 ml Joghurt
1 grüner Salat
3 Tomaten

Zubereitungszeit: (ohne Reis-Pilav und Fleisch) 20 Minuten

Reis-Pilav und Fleisch nach den Rezepten auf Seite 144 und Seite 188 zubereiten.

Die Kartoffeln waschen, schälen und in dünne Scheiben schneiden. Portionsweise frittieren. Die gebratenen Fleischstückchen in einen Topf geben und auf dem Topfboden gut andrücken. Darüber die frittierten Kartoffelscheiben dicht an dicht nebeneinander schichten. Danach den gekochten Reis in den Topf geben und ebenfalls fest andrücken. Der Topf muss bis zum Rand gefüllt sein.

Einen großen Servierteller auf den Topf legen und das *Maklube* stürzen. Für die Dekoration den Salat waschen, die Blätter grob hacken, die Tomaten waschen, häuten, entkernen und in sehr kleine Stück schneiden. Salat und Tomaten mischen. Das *Maklube* rundherum abwechselnd mit einem Klecks Joghurt und der Salatmischung verzieren.

# Yüksük Çorbası

## Ring-Suppe

Für 4-6 Personen

*Für den Teig:*
350 g Mehl
1 Ei
100 ml Wasser
½ TL Salz

*Für die Füllung:*
250 g Hackfleisch
1 Zwiebel, fein gehackt
½ TL Pfeffer

*Für die Suppe:*
1,5 l Wasser
200 g Kichererbsen
1 EL Tomatenmark
2 EL Keimöl
Saft von 1 Zitrone
je ½ TL Salz und Minze

Zubereitungszeit: 1 Stunde 40 Minuten (plus 12 Stunden Einweichzeit)

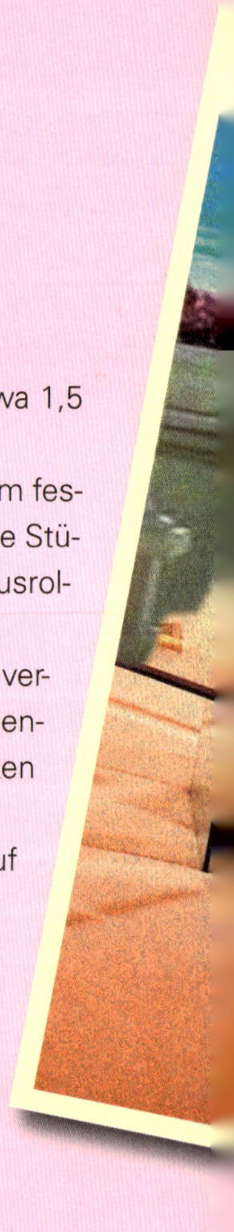

Die Kichererbsen über Nacht in einer Schüssel mit kaltem Wasser einweichen.
Die Kichererbsen waschen, abtropfen und in dem Wasser in einem großen Topf etwa 1,5 Stunden kochen lassen.
In der Zwischenzeit das Mehl in einer Schüssel mit dem Ei, Salz und Wasser zu einem festen Teig verkneten, der nicht mehr an den Händen klebt. Den Teig in zwei gleich große Stücke teilen und zugedeckt etwa 40 Minuten ruhen lassen. Anschließend hauchdünn ausrollen und in 1,5-2 Quadrat-Zentimeter große Stücke schneiden.
Das Hackfleisch in einer Schüssel mit der fein gehackten Zwiebel, Salz und Pfeffer vermengen. In die Mitte jedes Teig-Quadrats etwas von der Füllung geben. Zwei gegenüberliegende Ecken aufeinanderlegen und andrücken, dann die beiden anderen Ecken nach oben biegen und so aneinander festdrücken, dass ein kleiner Ring entsteht.
Wenn die Kichererbsen gar sind, die fertigen Nudel-Ringe vorsichtig dazugeben und auf ganz kleiner Flamme weitere 5 Minuten köcheln lassen.
Öl in einer Pfanne erhitzen, Tomatenmark, Zitronensaft, Salz und Minze einrühren und aufkochen lassen; die Mischung in die Suppe geben; auf dem ausgeschalteten Herd kurz ziehen lassen und heiß servieren.

# Ekmek & Tuzlu Çörek

# BROT & SALZIGES GEBÄCK

Ich habe dem Thema Brot und salziges Gebäck ein ganzes Kapitel gewidmet, weil sie in ihrer ganzen Vielfalt ein Hauptnahrungsmittel in der Türkei sind. Das auch in Deutschland bestens bekannte Pide wird genau wie das selbst gebackene türkische Dorfbrot als Beilage zu vielen Gerichten gegessen. Hefebrötchen *(Poğaca)* mit oder ohne Käsefüllung sind zum Frühstück oder als kleine Zwischenmahlzeit sehr beliebt. Und schon die Formen und Füllungen der *Böreks*, die in den verschiedenen Regionen der Türkei ganz unterschiedlich zubereitet werden, zeugen von der Bedeutung in der täglichen Küche.

Die Zubereitung dieser Backwaren erfordert viel Zeit. Deswegen sollte man ruhig immer einen kleinen Vorrat herstellen – er wird garantiert nicht alt.
Besonders *Yufka*, das türkische Dorfbrot eignet sich gut zur Aufbewahrung. Man kann die dünnen Brote gestapelt an einem trockenen Platz über mehrere Wochen aufbewahren. Bevor sie gegessen werden, beträufelt man sie mit etwas warmem Wasser, faltet sie einmal in der Mitte und wickelt sie in ein Tuch, bis sie wieder weich und geschmeidig sind. Das dauert ca. 30 Minuten. Fertig gekauftes *Yufka* kann man übrigens ebenso behandeln.
Und *Poğaca* müssen Sie einfach einmal selber machen. Der Duft, der die Küche beim Backen erfüllt, verspricht, was der Genuss der Hefebrötchen hält.

Falls Sie zufällig einmal in ein türkisch sprachiges Kochbuch geschaut haben, werden Sie entdeckt haben, dass die Mengenangaben der Backzutaten dort nie in Gramm, Kilogramm oder Liter angegeben sind, sondern in *Çay bardağı* (Teeglas), *Su bardağı* (Wasserglas) oder *Fincan* (Tasse). Da diese Mengenangaben für uns sehr ungewöhnlich sind, hier eine kleine Umrechnungstabelle:

1 Teeglas = 60 g Mehl, 100 g Zucker
1 Wasserglas = 90 g Mehl, 130 g Zucker
1 Tasse = 100 g Mehl, 150 g Zucker

Diese Angaben sind ziemlich ungenau. Nur die Teegläser haben alle in etwa die gleiche Größe. Für die vorliegenden Rezepte haben wir aber alle Mengenangaben genau überprüft.

# Açma

## Brötchen ohne Füllung

Für 10-12 Brötchen

½ Würfel frische Hefe
100 ml lauwarmes Wasser
100 ml lauwarme Milch
100 ml Pflanzenöl
3 EL Zucker
½ TL Salz
2 Eiweiß
100 g Schlagsahne
½ Päckchen Backpulver
ca. 500 g Mehl
2 Eigelb zum Bestreichen

Zubereitungszeit: 1,5 Stunden, Backzeit: 25-30 Minuten

Die Hefe in einer Schüssel in den 100 Millilitern lauwarmem Wasser auflösen und mit Milch, Öl, Zucker, Salz, Eiweiß und Schlagsahne vermischen. Langsam das mit Backpulver vermischte Mehl unterkneten. So lange Mehl hinzufügen, bis ein geschmeidiger und weicher Teig entstanden ist, der nicht mehr an den Händen klebt. Zugedeckt an einem warmen Ort etwa 1 Stunde gehen lassen.

Nach dem Ruhen den Teig noch einmal kurz durchkneten. Dann walnussgroße Stücke abzupfen, zu etwa zehn Zentimeter langen Strängen ausrollen und in jeden Strang einen Knoten machen. Die rohen Brötchenknoten auf ein mit Backpapier ausgelegtes Blech legen. Die Eigelbe verquirlen und die Brötchen damit bestreichen.

Im vorgeheizten Ofen bei 200 °C 20-25 Minuten backen.

# Lahmacun

## Türkische Pizza

Für 10-12 Stück

*Für den Teig:*
½ Würfel frische Hefe
200 ml lauwarmes Wasser
600 g Mehl
200 ml Milch
1 TL Salz

*Für den Belag:*
3 Spitzpaprika
150 g Zwiebel
½ Bund Petersilie
300 g Hackfleisch
200 g passierte Tomaten
100 ml Keimöl
1 EL Paprikamark
1 TL Salz,
½ TL gemahlener Pfeffer
½ TL Paprikapulver
2-3 fein gehackte Knoblauchzehen
1 Eigelb
1 TL Sesam
1 TL Schwarzkümmel

Zubereitungszeit: 1½ Stunden, Backdauer: in der Grillpfanne 5-8 Minuten, im Backofen 15-20 Minuten

Die Hefe im lauwarmen Wasser auflösen. Das Mehl in eine große Schüssel geben, das Salz darüberstreuen, die aufgelöste Hefe zusammen mit der Milch in die Schüssel geben und alles gut verkneten. Den Teig zugedeckt etwa 1 Stunde ruhen lassen.
Paprika und Zwiebel waschen, putzen und mit dem Pürierstab grob zerkleinern. Die Petersilie waschen und fein hacken. Alles in eine Schüssel geben und mit dem Hackfleisch, den passierten Tomaten, Öl und Gewürzen vermengen.
Nach dem Ruhen den Teig nochmals kurz durchkneten, walnussgroße Stückchen abzupfen und diese auf einer bemehlten Arbeitsplatte mit einem Nudelholz rund und hauchdünn ausrollen. Den Belag mit einem Esslöffel darauf verteilen und in einer Pizzapfanne 5-8 Minuten grillen.

Wenn Sie keine Pizzapfanne besitzen, nehmen Sie etwa mandarinengroße Teigstückchen, rollen den Teig länglich aus, geben den Belag in die Mitte und klappen die Seiten ein wenig nach innen. Bestreichen Sie die Teigränder zusätzlich mit einem verquirlten Eigelb und bestreuen Sie sie mit Sesam oder Schwarzkümmel. Auf ein mit Backpapier ausgelegtes Blech legen und bei 220 °C im Backofen ganz unten 15-20 Minuten goldbraun backen.
Wenn Sie gerne Pizza essen, sollten Sie überlegen, sich eine elektrische Pizzapfanne mit hohem Rand zuzulegen, die man auch für Grillgerichte verwenden kann. Sie sind in verschiedenen Größen erhältlich.

# Fırında Ispanaklı Börek

## Blätterteigrollen mit Spinatfüllung

Für 4-6 Personen

1 Packung dreieckiger Blätterteig (12-16 Blätter) aus dem türkischen Lebensmittelladen

*Für die Füllung:*

300 g Spinat
1 Zwiebel
50 ml Pflanzenöl
½ TL Salz
Paprikapulver und Pfeffer

*Für die Sauce:*

2 Eier
3 EL Joghurt
100 ml Pflanzenöl
150 ml Milch
1 EL Sesam

Zubereitungszeit: 1 Stunde, Backzeit: 25-30 Minuten

Spinat putzen, waschen und abtropfen lassen, klein schneiden und in eine Schüssel geben. In einer Pfanne das Öl erhitzen; die Zwiebel schälen, klein hacken und anschwitzen. in die Schüssel geben und würzen.

Die Blätterteig-Dreiecke aus der Packung nehmen und nebeneinander auslegen.
In einer Schüssel die Eier, den Joghurt, Öl und Milch verquirlen.
Die Hälfte der Dreiecke mit der Sauce bestreichen und jeweils ein Dreieck darauflegen. Die rohe Spinatfüllung löffelweise im spitzen Drittel der Dreiecke verteilen, die Ecken einschlagen, die Dreiecke von der Spitze her einrollen und auf ein eingefettetes Backblech legen. Die übrige Sauce auf die *Böreks* streichen, mit Sesam bestreuen und im auf 200 °C vorgeheizten Backofen goldbraun backen.

Falls man keinen dreieckigen Blätterteig bekommt, kann man ebenso gut *Yufka*-Teig nehmen. Die großen *Yufka*-Blätter schneidet man sich in je vier Dreiecke.

# Sandviç

## Sandwich-Brötchen, selbst gemacht

Für 15-18 Brötchen

200 g Schlagsahne
200 ml warme Milch
50 ml geschmacksneutrales Pflanzenöl
1 EL Butter
1 Würfel frische Hefe
1 TL Salz
650 g Mehl
1 Eigelb

Zubereitungszeit: 1 Stunde 30 Minuten, Backdauer: 25-30 Minuten

In einer Schüssel mit Schlagsahne, warmer Milch und Öl einen Esslöffel Butter zum Schmelzen bringen. Hefe in die lauwarme (Fingerprobe!) Flüssigkeit bröckeln, Salz und Mehl dazugeben und kneten, bis ein weicher, glatter Teig ohne Luftblasen entsteht. Die Mehlmenge variiert je nach Mehlart und nach der gewünschten Festigkeit des Teigs. Dann die Schüssel mit einem sauberen Geschirrtuch bedecken und den Teig 20 Minuten ruhen lassen. Danach den Teig nochmals kurz durchkneten.
Aus dem fertigen Teig walnussgroße Bällchen formen; die Bällchen in der Handinnenfläche flach drücken (wenn der Teig an den Händen kleben sollte, die Handflächen mit etwas Öl bepinseln) und einmal in der Mitte leicht falten (nicht zusammenpressen).

Die rohen Sandwich-Brötchen auf ein mit Backpapier ausgelegtes Blech legen und auf der Oberseite mit dem mit Milch verrührten Eigelb einpinseln. Im vorgeheizten Backofen bei 200 °C backen, bis sie goldbraun sind.

Die Sandwiches kalt stellen. In der Zwischenzeit den Belag vorbereiten. Tomaten- und Gurkenscheiben und türkischer Schafskäse sind – wie man auf dem Foto sehen kann – ein sehr gern gegessener Sandwich-Belag. Hier sind der Fantasie keine Grenzen gesetzt.

ÇANAKKALE
GEÇİLMEZ

# Sigara Böreği
## Zigarettenbörek

Für 4-6 Personen

1 Packung dreieckiger Blätterteig (12-16 Blätter) aus dem türkischen Lebensmittelladen
250 g Schafskäse
4-5 Zweige Petersilie
350 ml Keimöl zum Frittieren

Zubereitungszeit: 30 Minuten, Frittierdauer: 5 Minuten

Den Käse reiben, die Petersilie waschen und klein schneiden und mit dem Käse vermengen. Ein Blätterteig-Dreieck auslegen, einen Teelöffel der Käsefüllung auf das obere Drittel des Dreiecks verteilen. Zunächst die Seiten im oberen Teil einklappen, dann vom breiten Rand her das *Börek* einrollen. Die Spitze mit etwas Wasser bepinseln und leicht andrücken, damit die Rolle nicht aufgeht. Auf diese Weise alle Dreiecke zu gefüllten Zigaretten rollen.

In einer Pfanne das Öl erhitzen, die *Böreks* 5 Minuten im sehr heißen Öl frittieren. Auf einem mit Küchenrolle ausgelegten Tablett abtropfen lassen und noch heiß servieren.

Falls man keinen dreieckigen Blätterteig bekommt, kann man ebenso gut *Yufka*-Teig nehmen. Die großen *Yufka*-Blätter schneidet man sich in je vier Dreiecke.

# Patates Kömbesi

## Kartoffelpastete

Für 1 runde Backform

*Für den Teig:*
½ Würfel frische Hefe
500 g Mehl
1 TL Salz
150 ml Milch
50 ml Keimöl
150 ml Wasser

*Für die Füllung:*
500 g Kartoffeln
1 mittelgroße Zwiebel
100 ml Keimöl
1 TL Paprikamark
½ TL Salz
½ TL Paprikapulver
½ TL Pfeffer
1 TL getrocknete Minze
1 Eigelb

Zubereitungszeit: 1,5 Stunden; Backdauer: 35-40 Minuten

Die Hefe in etwas lauwarmem Wasser auflösen. Das Mehl in eine große Schüssel geben, mit dem Salz bestreuen, Milch, Öl und aufgelöste Hefe dazugeben. Alle Zutaten zu einem geschmeidigen Teig kneten, dabei nach und nach das Wasser hinzufügen. Der Teig darf nicht an den Händen kleben. Den Teig in zwei gleich große Stücke teilen. Zugedeckt an einem warmen Ort 20 Minuten ruhen lassen.

Für die Füllung die Kartoffeln waschen, in kaltem Wasser ansetzen und weich kochen; abgießen, kurz abkühlen lassen, pellen und pürieren. In einer Pfanne Öl erhitzen und die gehackte Zwiebel 1-2 Minuten anbraten. Paprikamark und Gewürze dazugeben und unterrühren. Die Zwiebel-Gewürzmischung zu den Kartoffeln geben und gut vermengen.

Nach dem Ruhen den Teig noch mal kurz durchkneten und auf der bemehlten Arbeitsfläche mit einem Nudelholz zwei bis drei Millimeter dick ausrollen. Er muss so groß werden, dass sein Rand über die Backform reicht. Den Teig in die eingefettete Backform legen, Rand überhängen lassen und die Füllung darauf verteilen. Das zweite Teigstück ausrollen und damit die Füllung bedecken. Den Rand vom Teigboden darüberklappen und andrücken.

Ein Eigelb verquirlen und den Deckel damit bepinseln. Im vorgeheizten Backofen bei 200 °C goldbraun backen und sofort heiß servieren.

# Peynirli Poğaça
## Brötchen mit Schafskäse gefüllt

Für 10-12 Brötchen

125 ml lauwarmes Wasser
1 Würfel frische Hefe
1 TL Zucker
50 ml Pflanzenöl
125 ml Milch
125 g Joghurt
½ TL Salz
½ Päckchen Backpulver
ca. 500 g Mehl
200 g Schafskäse
1 Eigelb zum Bestreichen
Sesam und Schwarzkümmel zum Bestreuen

Zubereitungszeit: 1,5 Stunden, Backdauer: 25-30 Minuten

Die Hefe im lauwarmen Wasser auflösen, in eine Schüssel geben und mit Zucker, Öl, Milch, Joghurt und Salz vermischen. Langsam das mit Backpulver vermischte Mehl unterkneten. So lange Mehl hinzufügen, bis ein geschmeidiger und weicher Teig entstanden ist, der nicht mehr an den Händen klebt. Zugedeckt an einem warmen Ort gut eine Stunde gehen lassen.
Den Schafskäse mit einer Gabel fein zerbröseln und in eine Schüssel geben.
Nach dem Ruhen den Teig noch einmal kurz durchkneten. Dann walnussgroße Stücke abzupfen und diese zwischen den Handflächen zu kleinen Tellern auseinanderdrücken oder auf der Arbeitsfläche rund ausrollen, mit etwas zerbröseltem Schafskäse bestreuen, zu Strängen zusammenrollen und in jeden Strang einen Knoten machen. Oder die Teigteller rundherum einschneiden, etwas Schafskäse darauf verteilen und zu Zöpfen zusammenstecken. Die kleinen Kunstwerke auf ein mit Backpapier ausgelegtes Backblech legen. Die *Poğaça* mit dem verquirlten Eigelb bestreichen und Sesam und Schwarzkümmel darüberstreuen.

Im vorgeheizten Backofen bei 175 °C 20-30 Minuten goldbraun backen.

# Ispanaklı ve Peynirli Katmer
## Pizzafladen mit Spinat- oder Käsefüllung

Für etwa 15 *Katmer*

*Für den Teig:*
½ Würfel frische Hefe
650 g Mehl
1 TL Salz
200 ml Milch
50 ml Pflanzenöl
200 ml Wasser

*Für die Füllung:*
500 g Spinat
150 ml Keimöl
1 Zwiebel
1 Ei
½ TL Salz
½ TL gemahlener Pfeffer
½ TL Paprikapulver

Zubereitungszeit: 1,5 Stunden, Backdauer: 5 Minuten

Die Hefe in etwas lauwarmem Wasser auflösen. Das Mehl in eine große Schüssel geben, mit dem Salz bestreuen, Milch, Öl und aufgelöste Hefe dazugeben. Alle Zutaten zu einem geschmeidigen Teig kneten, dabei nach und nach das Wasser hinzufügen. Der Teig darf nicht an den Händen kleben. Zugedeckt an einem warmen Ort 20 Minuten ruhen lassen.

In der Zwischenzeit den Spinat putzen, waschen, klein schneiden und in eine Schüssel geben. Öl in einer Pfanne erhitzen. Die Zwiebel schälen, klein hacken und in die Pfanne geben. Das Ei einrühren, würzen, vom Herd nehmen und zum rohen Spinat in die Schüssel geben und etwas salzen.
Nach dem Ruhen den Teig noch mal kurz durchkneten.
Von dem Teig walnussgroße Stücke abzupfen und auf einer bemehlten Arbeitsfläche mit dem Nudelholz zu Kreisen mit etwa zwölf Zentimeter Durchmesser hauchdünn ausrollen. Die eine Hälfte mit Spinat belegen, die andere Hälfte drüberklappen und am Rand fest andrücken, damit die Pizzatasche beim Grillen nicht aufgeht.
In einer großen beschichteten Pfanne, einer Pizzapfanne oder auf einem Grilltoaster mit glattem Boden auf jeder Seite 2-3 Minuten grillen und heiß servieren.

Liebhaber der scharfen türkischen Wurst *(Suçuk)* können auch noch einige Scheiben davon auf den Spinat legen, bevor die Taschen geschlossen werden.
Die Pizzafladen schmecken auch sehr gut mit Käsefüllung. Dazu einfach Schafskäse reiben und auf die eine Hälfte des Pizzafladens bröseln.

# *Yufka*
# Türkisches Dorfbrot

Für 20-25 Stück

1 Würfel frische Hefe
1 kg Mehl
1 EL Salz
200 ml Milch
100 ml Pflanzenöl
400 ml lauwarmes Wasser

Zubereitungszeit: 1 Stunde, Grilldauer: pro *Yufka* 2-4 Minuten

Die Hefe in etwas lauwarmem Wasser auflösen. Das Mehl in eine große Schüssel geben, mit dem Salz bestreuen, Milch, Öl und aufgelöste Hefe dazugeben. Alle Zutaten zu einem geschmeidigen Teig kneten, dabei nach und nach das Wasser hinzufügen. Der Teig darf nicht an den Händen kleben. Zugedeckt an einem warmen Ort 20 Minuten ruhen lassen. Nach dem Ruhen den Teig noch mal kurz durchkneten.
Mandarinengroße Stücke von der Teigkugel abzupfen und auf einem Arbeitsbrett ablegen. Nacheinander die Teigstücke auf einer bemehlten Arbeitsfläche mit einem Nudelholz hauchdünn ausrollen und in einer elektrischen Pizzapfanne 1-2 Minuten auf jeder Seite grillen.

Das Brot kann man an einem kühlen Ort aufbewahren. Bevor man es isst, nimmt man das Brot und spritzt mit den Fingern ein wenig Wasser darüber, damit es wieder weich wird. Achtung! Nicht einweichen. Anschließend bedeckt man es mit einem Tuch und lässt es zehn Minuten ruhen. Danach kann man es am besten zum Frühstück genießen, indem man zum Beispiel Schafskäse und Tomaten darin einrollt oder auch nur frische Kräuter.

# Dere Kenarında Piknik

## Picknick am Fluss

Terelik heißt der Fluss, der in der Nähe unseres Dorfes zwischen hohen Felswänden aus mehreren Quellen entspringt. An seinen Ufern wachsen Obstbäume, Beerensträucher und Rosenbüsche, die im Frühjahr um die Wette blühen.

Im Sommer, wenn die Wiesen und Felder von der Hitze ganz ausgetrocknet sind, zieht sich der Flusslauf des Terelik wie eine grüne Oase durch die Hügellandschaft. Dann zieht es uns alle dort hin: Die einen entspannen sich bei einem kurzen Schlummer im Schatten der Bäume oder spazieren im Fluss aufwärts zu den Quellen, die anderen erfrischen sich bei einem Bad im eiskalten Wasser. In der Nähe der Quellen hat der Terelik Gumpen gebildet, in denen man sich nach Herzenslust austoben und abkühlen kann. Wieder andere versuchen beim Fangen von Forellen ihr Glück.

Wir genießen diese Picknicks am Fluss! Dann werden über dem offenen Feuer Fisch, Fleisch und Gemüse gegrillt oder gekocht. Wir breiten auf dem Boden ein großes Tischtuch aus und verteilen darauf die frisch gegrillten Spezialitäten und die Speisen, die wir bereits zu Hause zubereitet und mitgebracht haben. Mit unseren Tellern sitzen wir rundherum unter den Bäumen und greifen tüchtig zu, denn die frische Luft macht hungrig. Manchmal, wenn die Zeit nicht für ein großes Picknick reicht, kochen wir mit dem herrlichen Quellwasser einfach nur Tee und rösten auf dem Grill Dorfbrot mit Schafskäse. Wenn es dazu noch Tomaten, Gurken und Paprika direkt aus dem Garten gibt, fehlt eigentlich nichts mehr zum Glücklichsein.

Leider schaffen es manche Leute einfach nicht, ihre Abfälle wieder mit nach Hause zu nehmen. Deshalb steht auf den Felsen dann auch nicht ohne Grund geschrieben: *Çöp atan eşektir* oder etwas höflicher: *Çöp atma*, was soviel heißt wie: Wer seinen Müll liegen lässt, ist ein Esel oder: Keinen Müll wegwerfen.

ÇÖP
ATMA

EŞEKTİR
İNSANOL
ÇÖPATMA
Tertip

# Güveçte Patates Köftesi
## Hackfleischbällchen mit Kartoffeln

Für 4-6 Personen

2 Tomaten
2 Spitzpaprika
2 mittelgroße Kartoffeln
500 ml Wasser
1 EL Tomatenmark
1 EL Paprikamark
1 TL Salz
*Für die Köfte:*
300 g Hackfleisch
1 Ei
1 Zwiebel
1 Bund Petersilie
Salz und Pfeffer

Zubereitungszeit: 45 Minuten, Garzeit: 30 Minuten

Tomaten waschen und in runde Scheiben schneiden. Paprika waschen, entkernen, die weißen Trennhäute entfernen und in große Stücke schneiden.
Kartoffeln waschen, schälen und in einen halben Zentimeter dicke Scheiben schneiden.
Für die *Köfte* alle Zutaten in einer Schüssel verkneten. Walnussgroße Bällchen formen und zwischen den Handflächen etwas flach drücken. Nacheinander *Köfte*, Kartoffeln, Tomaten und Paprika in den Topf schichten.
Das Wasser mit dem Tomatenmark und dem Paprikamark verrühren, einen Teelöffel Salz dazugeben und vorsichtig über die Gemüse-Fleisch-Schichten gießen. Zugedeckt bei mittlerer Hitze kochen lassen, bis alles gar ist. Nicht umrühren!

Für die Zubereitung dieses *Güveç* gibt es gleichnamige Töpfe. Sie sind aus sehr hitzebeständigem Ton, unglasiert und können auf jedem Herd, im Backofen oder über dem offenen Feuer benutzt werden.

# Patates Salatası
## Kartoffelsalat

Für 4-6 Personen

800 g festkochende Kartoffeln
500 ml Wasser
2-3 Zweige Petersilie
3 Frühlingszwiebeln
300 g rote Paprikaschoten
100 g Mais aus der Dose
Saft von ½ Zitrone
100 ml geschmacksneutrales Pflanzenöl oder Olivenöl
½ TL Paprikapulver
½ TL schwarzer Pfeffer
1 TL Salz

Zubereitungszeit: 45 Minuten

Die Kartoffeln gründlich waschen, in einem Topf mit kaltem Wasser ansetzen (die Kartoffeln müssen vom Wasser gut bedeckt sein) und kochen lassen, bis sie gar, aber nicht zu weich sind. Die gekochten Kartoffeln abkühlen lassen, schälen, in Scheiben schneiden und in eine Schüssel geben. Die Petersilie und die Frühlingszwiebeln waschen und fein hacken; die Paprikaschoten waschen, entkernen und in kleine Stücke schneiden, zusammen mit den Maiskörnern und den gehackten Kräutern zu den Kartoffeln geben. Anschließend den Zitronensaft, das Öl, das Paprikapulver, Salz und Pfeffer dazugeben und alles vorsichtig mischen, damit die Kartoffeln nicht zerdrückt werden. Den fertigen Kartoffelsalat vor dem Servieren gut durchziehen lassen.

# Sac Kavurması

## Fleischgericht mit Gemüse

Für 4-6 Personen

2 große Paprika (rot und grün)
2 Tomaten
2 Zwiebeln
1,5 kg Rindfleisch
30 ml Keimöl
½ TL Salz

Zubereitungszeit: 1,5 Stunden

Paprika waschen, entkernen, die weißen Trennhäute entfernen, Tomaten waschen, Zwiebel schälen. Das Gemüse in nicht zu kleine Stücke schneiden.
Das Fleisch in kleine Würfel schneiden. In einer Wok-Pfanne oder einer großen beschichteten Pfanne bei starker Hitze braten, bis der austretende Fleischsaft völlig eingekocht ist. Dann erst das Öl dazugeben.
Das vorbereitete Gemüse in die Pfanne geben, salzen und zusammen mit dem Fleisch braten.

Damit das Fleisch schneller gar wird und ein besseres Aroma abgibt, kann man es zuvor in der Wok-Pfanne in 200 Milliliter Mineralwasser kochen, bis das ganze Wasser eingezogen ist.

# Alabalik
## Gegrillte Forellen

Die Stadt Gürün zählt zu der süßwasserreichsten Region der Provinz Sivas. Deshalb wurde dort im Jahr 1980 begonnen, Forellen zu züchten. In den vielen Flüssen, schnell fließenden Bächen und Aufzuchtbecken wird die Züchtung seitdem mit großem Erfolg fortgeführt. Im Jahre 1999 wurde zum ersten Mal das inzwischen berühmte Forellen-Festival veranstaltet. Dank des großen Interesses der Bevölkerung von Sivas und der Unterstützung durch andere Regionen der Türkei findet die Veranstaltung jetzt jedes Jahr im August statt.

Rund um Sivas kann man sehr viele Restaurants entdecken, in deren Umgebung Forellen gezüchtet werden. Meist liegen diese Restaurants an Flüssen oder Süßwasserquellen in den Bergen, mit einer tollen Aussicht und riesigen Picknickplätzen für viele Familien. Die Kunden kriegen ihre Forelle frisch aus dem Süßwasser geangelt und gegrillt. Dazu bekommt man noch Salat und frisches Brot aus der Bäckerei.
Bei unserem Picknick waren wir an dem Fluss in der Nähe unseres Dorfes. Wir fangen die Forellen selbst mit einem Netz. Die frischen Forellen werden dann nur noch ausgenommen, mit Salz, Pfeffer und Zitronensaft gewürzt und auf den Grill gelegt.

KANYON
ALABALIK
LUNUR
Sof

# Kayısı Kompostosu

## Aprikosen-Kompott

Für 4-6 Personen

1 l Wasser
200 g getrocknete Aprikosen
100 g Rosinen
100 g Zucker

Zubereitungszeit: 25 Minuten

Das Wasser zum Kochen bringen. Währenddessen die Aprikosen und die Rosinen gründlich waschen und im Sieb abtropfen lassen. Zuerst das Trockenobst in das kochende Wasser geben, dann nach und nach den Zucker einrühren. Den Herd abstellen und das Kompott ziehen lassen; dabei ab und zu vorsichtig umrühren. Die Aprikosen sollen nicht zerfallen. Den Topf vom Herd nehmen und zugedeckt mindestens 1 Stunde ruhen lassen.

Es gibt verschiedene Sorten getrockneter Aprikosen und Rosinen. Sie können mehr oder weniger stark getrocknet sein, sehr süß oder säuerlich, geschwefelt oder ungeschwefelt. Hier muss man einfach seinen geschmacklichen Vorlieben folgen. Besonders gut, aber nicht überall zu bekommen, sind türkische Wildaprikosen. Sie sind sehr aromatisch, säuerlich und ungeschwefelt und bringen eine ganz eigene Note ins Kompott.
Wer lieber nicht raffinierten Zucker bzw. Rohrzucker verwendet, kann die Zuckermenge reduzieren und gibt dem Kompott zudem eine etwas andere Geschmacksrichtung.

# *Bulgur Pilavı*

## Bulgur-Pilav (Grundrezept)

Für 4-6 Personen

500 ml Wasser
½ TL Salz
300 g Bulgur für Pilav *(Pilavlık-Bulgur)* aus dem türkischen Lebensmittelladen
100 g Butter

Zubereitungszeit: 20 Minuten

Das Wasser in einem Topf zum Kochen bringen, Salz und Bulgur dazugeben. Bei geringer Hitze zugedeckt kochen lassen, bis der Bulgur das Wasser ganz aufgesogen hat. Achtung: Nicht umrühren! Vom Herd nehmen und 10 Minuten ruhen lassen. Die Butter in einem kleinen Topf schmelzen lassen, über den fertigen Bulgur gießen und unterrühren. Vor dem Servieren noch einmal gut umrühren.

# *Sebzeler* GEMÜSE

Vielen Türkei-Reisenden sind die großen Tabletts mit den appetitlich angerichteten Vorspeisen *(Meze)* in schönster Urlaubserinnerung. Und vielleicht wundern Sie sich darüber, dass diesen Vorspeisen kein eigenes Kapitel gewidmet ist. Sie können sich aber aus allen Rezepten, besonders aus den Gemüse- und Salatrezepten, Ihre eigenen *Meze* je nach Ihren Vorlieben zusammenstellen:
Schlendern sie dabei in Gedanken über einen der ländlichen Wochenmärkte (oder besuchen Sie einen türkischen Supermarkt) und erfreuen Sie sich an den kunstvoll gestapelten Gemüsepyramiden. Lernen Sie neue Gemüsesorten kennen – allein die Vielzahl von Paprikaschoten, die in den verschiedensten Rot-, Gelb- und Grüntönen leuchten, spitz und rund, groß und klein, mild oder scharf, wird Sie begeistern. Bewundern Sie die Hügel aus verschiedenfarbigen Linsen, Kichererbsen, getrockneten Bohnen, Reis- und Getreidesorten. Stecken Sie ruhig Ihre Nase in die 1001 angebotenen Gewürze und Trockenfrüchte. Und probieren Sie die typisch türkischen Käsesorten oder eingelegten Oliven.

Am besten richten Sie sich – wie wir das in der Türkei oder hier in Deutschland auch tun – bei Ihrer *Meze*-Vorbereitung nach dem saisonalen Angebot. Heutzutage bekommen Sie auf den deutschen Märkten alle landwirtschaftlichen Produkte von überall her, und so ziemlich alles zu jeder Jahreszeit. Dann aber sind auch viele Gemüsesorten unter „künstlichen" Bedingungen gezogen – und das schmeckt man.

Wie wär's also zum Beispiel mit warmen Zigarettenböreks, heißen gefüllten Krautblättern und einem Weiße-Bohnen-Salat für ein wärmendes *Meze* an kalten Wintertagen? Für einen sommerlichen *Meze*-Teller könnten Sie die verschiedensten mit Joghurtsauce zubereiteten Gerichte, viele der gefüllten Gemüse oder Speisen mit Bulgur, gekühlt und erfrischend, genießen. Lassen Sie Ihren kulinarischen Fantasien freien Lauf und stellen Sie sich Ihre eigenen *Meze* aus dem zusammen, was die Saison gerade im Überfluss bietet. Und zu allem natürlich frisches türkisches Dorfbrot!

# Etli Kabak Dolması
## Gefüllte Zucchini

Für 6-8 Personen

1 kg Zucchini

*Für die Füllung:*
200 g Reis
200 g Hackfleisch
1 mittelgroße Zwiebel
4-5 Zweige Petersilie
2 Zweige Dill oder 1 TL getrockneter Dill
½ TL Salz
3 EL passierte Tomaten
1 EL Paprikamark
nach Belieben Paprikapulver, schwarzer Pfeffer, Kreuzkümmel
2-3 Tomaten
50 ml Pflanzenöl

*Für die Sauce:*
350 ml Wasser
2 EL Pflanzenöl
1 EL Tomatenmark
½ TL Salz

Zubereitungszeit: 1 Stunde, Garzeit: 30-40 Minuten

Die Zucchini waschen, Spitzen abschneiden und mithilfe eines geriffelten Messers, die Haut gleichmäßig abkratzen. Die Zucchini je nach Länge in zwei oder drei gleich große Stücke teilen und mit einem Löffelstiel vorsichtig aushöhlen; dabei darauf achten, dass der Boden nicht kaputt geht, damit man die Zucchini gut füllen kann.

Für die Füllung Reis waschen und abtropfen lassen. Mit dem Hackfleisch in eine Schüssel geben, die Zwiebel schälen und klein hacken, Petersilie und Dill waschen, klein hacken und in die Schüssel geben. Salz, passierte Tomaten, Paprikamark, Gewürze und Öl dazugeben und alles gut vermengen. Die Zucchini füllen. Anschließend die Tomaten halbieren, in dünne Scheiben schneiden und in jede Zucchini eine Tomatenscheibe als Deckel legen. Die Zucchini in einem Topf stehend aneinanderlehnen.

Für die Sauce in einer Pfanne Öl erhitzen, das Tomatenmark einrühren, vorsichtig mit dem Wasser aufgießen, salzen, kurz aufkochen lassen und vorsichtig über die Zucchini gießen. Auf minimaler Hitze ca. 35 Minuten kochen lassen, bis die Zucchini und die Füllung gar sind.

Mit Joghurt oder Joghurt-Knoblauchsauce schmecken diese Zucchini noch besser.

# Etli Pırasa Yemeği

## Lauchgemüse mit Fleisch

Für 4 Personen

500 g Lauch
2 kleine Karotten
200 g Lamm- oder Rindfleisch
30 ml Keimöl
100 g Reis
2 EL Paprikamark
1,5 l Wasser
1,5 TL Salz

Zubereitungszeit: 1 Stunde 10 Minuten, Gardauer: 30-40 Minuten

Lauch und Karotten putzen, waschen und in runde Scheiben schneiden. Das Fleisch in kleine Stücke schneiden, in einem Topf zugedeckt bei geringer Hitze so lange garen lassen, bis der austretende Fleischsaft ganz eingekocht ist. Dann erst das Öl dazugeben. Lauch und Karotten zu dem Fleisch in den Topf geben und ca. zehn Minuten unter ständigem Rühren bei minimaler Hitze braten. Dann den vorher gewaschenen und abgetropften Reis und das Paprikamark unterrühren, Wasser und Salz dazugeben und das Ganze etwa. 30-40 Minuten zugedeckt auf kleiner Flamme köcheln lassen.

# Madımak Mıhlası

## Madımak mit Hackfleisch

Für 4-6 Personen

100 g Hackfleisch
100 ml Keimöl
1 Zwiebel
1 EL Paprikamark
1 Dose *Madımak* aus dem türkischen Lebensmittelgeschäft
½ TL Salz
je ½ TL gemahlener Pfeffer und Paprikapulver
100 ml Wasser

Zubereitungszeit: 40 Minuten

In einer Pfanne ohne Fett das Hackfleisch braten, bis der austretende Fleischsaft wieder ganz eingezogen ist. Das Öl dazugeben und die gehackte Zwiebel einrühren. Paprikamark, *Madımak* und Gewürze unterrühren; langsam das Wasser eingießen und das Ganze 10-15 Minuten sanft kochen lassen.

☪ *Madımak* ist in Deutschland in Dosen zu bekommen; aber nicht immer und nicht überall. Es wird eben nicht angebaut, sondern wächst wild – hauptsächlich in der Region von Sivas. Man kann ersatzweise frischen Spinat für dieses leichte Gemüsegericht verwenden.

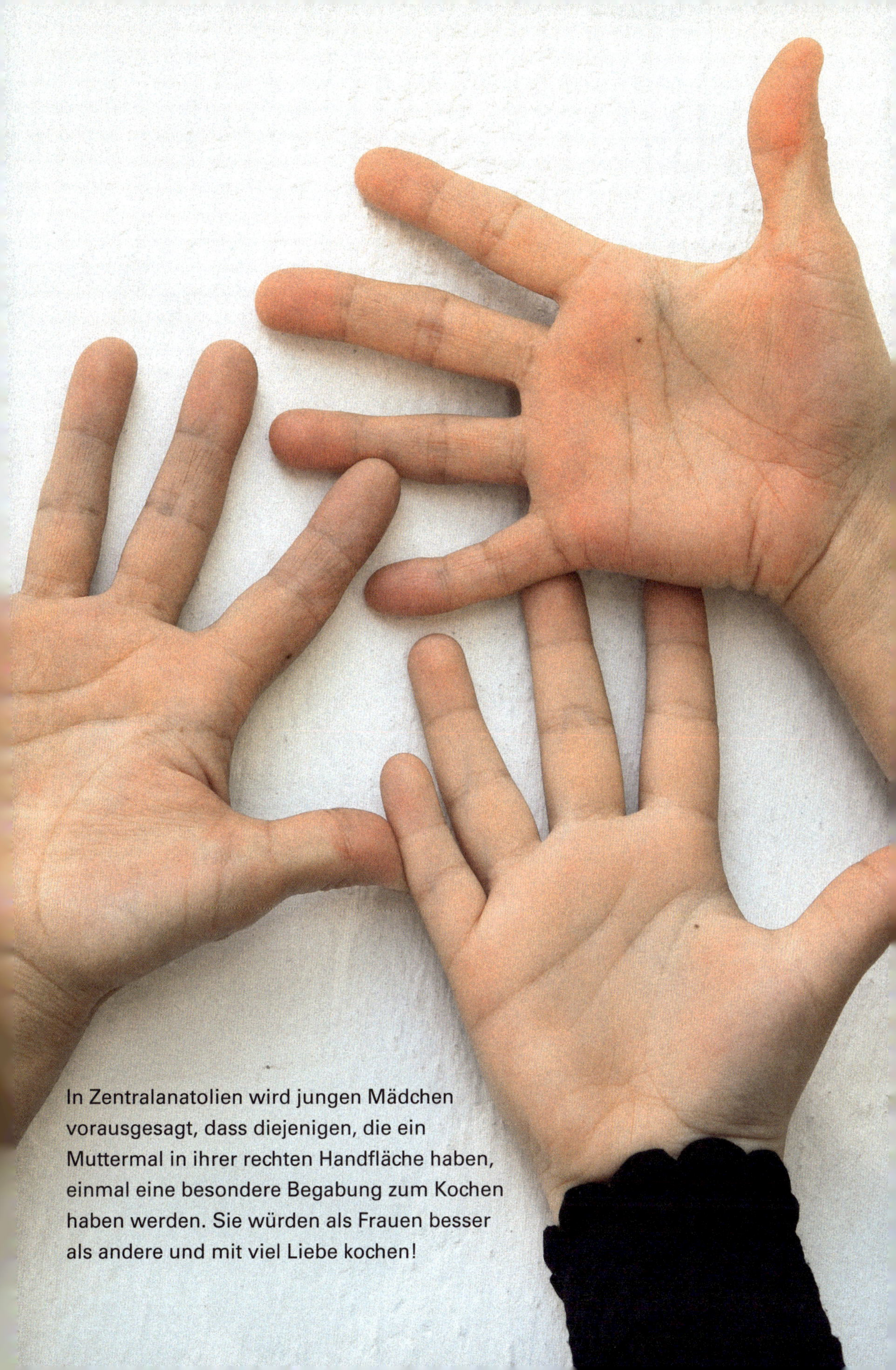

In Zentralanatolien wird jungen Mädchen vorausgesagt, dass diejenigen, die ein Muttermal in ihrer rechten Handfläche haben, einmal eine besondere Begabung zum Kochen haben werden. Sie würden als Frauen besser als andere und mit viel Liebe kochen!

# *Biber Dolması*

## Gefüllte Paprikaschoten

Für 4 Personen

8 kleine Paprika *(Dolma biber)* aus dem türkischen Lebensmittelladen
200 g Reis
200 g Hackfleisch
15 ml Keimöl
1 TL Salz
100 g passierte Tomaten
1 Zwiebel
4-5 Zweige Petersilie, gehackt
1 EL Tomatenmark
Paprikapulver, Pfeffer
500 ml Wasser
2 Tomaten, halbiert und in dünne Scheiben geschnitten
2 EL Öl

Zubereitungszeit: 1 Stunde 20 Minuten

Den Blütenansatz mit dem Stiel aus dem Deckel der Paprikaschoten herausschneiden, durch diese runde Öffnung das Kerngehäuse entfernen, Paprikaschoten waschen.
Den Reis in einem Sieb waschen, abtropfen lassen und in eine Schüssel geben. Das Hackfleisch in einer anderen Schüssel mit den passierten Tomaten, dem Öl, der gehackten Zwiebel und allen Gewürzen verkneten und mit dem ungekochten Reis vermengen. Die Mischung in die Schoten füllen, als Deckel eine Tomatenscheibe darauflegen. Die gefüllten Schoten aufrecht in einen Topf stellen und aneinanderlehnen. Den Topf mit Wasser und den 2 Esslöffeln Öl auffüllen und auf die heiße Herdplatte stellen. Die Paprikaschoten 30-40 Minuten sanft köcheln lassen. Fleisch, Reis und Gemüse sollen gar, aber nicht zu weich sein.

Achten Sie darauf, dass Sie die hellgrünen, kleinen runden Paprika bekommen *(Dolma biber)*. Sie sind dünnwandig und aromatisch, aber nicht scharf. Mit Joghurt servieren.

# Çöp Kebabı

## Stäbchen-Kebap

Für 6 Personen

500 g Rinderhackfleisch
1 Zwiebel
2 Scheiben trockenes Weißbrot
4-5 Zweige Petersilie
1 Ei
je 1 TL Salz und Pfeffer
1 EL Tomatenmark
5 Auberginen

2 Tomaten
4 milde Spitzpaprika
250 ml Olivenöl

*Für die Sauce:*
3 EL Öl
250 ml Wasser
3 EL Tomatenmark

Zubereitung: 20 Minuten

Das Hackfleisch in eine Schüssel geben. Die geschälte und fein gehackte Zwiebel, das zerbröselte Brot, die gewaschene und grob gehackte Petersilie, das aufgeschlagene Ei, Salz, Pfeffer und das Tomatenmark in die Schüssel geben. Die Mischung mit der Hand gut durchkneten. Aus dem Fleischteig walnussgroße Bällchen formen und auf einen großen Teller legen.
Die Auberginen waschen, schälen, und zwar so, dass ein lila-weißes Streifenmuster entsteht, also immer einen Streifen schälen einen überspringen. Die Auberginen längs in etwa einen Zentimeter dicke Scheiben schneiden, auf einen Teller legen und sofort etwas salzen, damit sie nicht braun werden. Die Tomaten waschen und in runde Scheiben schneiden. Die Paprikaschoten waschen, halbieren, die Kerne und die weißen Trennwände entfernen und jede Hälfte längs in drei gleich große Streifen schneiden.
Die Auberginenscheiben kurz unter fließendem Wasser entsalzen und mit Küchenrolle abtrocknen. Das Öl in einer Pfanne stark erhitzen und die Auberginen darin frittieren.
Danach jeweils zwei Auberginenscheiben überkreuzt aufeinanderlegen, ein Hackfleischbällchen in der Mitte positionieren und die Auberginenscheiben darüberklappen. Eine Scheibe Tomate und eine Scheibe Paprika darauflegen. Alles mit einem Zahnstocher zusammenstecken und in eine Auflaufform oder ein rundes Blech mit hohem Rand stellen.
Öl, Wasser und Tomatenmark in einem kleinen Topf verrühren und zum Kochen bringen, die Sauce über die fertigen Kebaps gießen. Im vorgeheizten Backofen bei 200 °C ca. eine halbe Stunde garen lassen.

Nach Geschmack mit Reis-Pilav servieren. Rezept Seite 144

# Fasulye Turşusu
## Eingelegte Bohnen

Für zwei 1-Liter-Einweckgläser

2 kg grüne Bohnen
1 Knoblauchknolle
100 ml Weißweinessig
2 EL Salz
kaltes Wasser

Zubereitungszeit: 30 Minuten

Die Spitzen der grünen Bohnen abschneiden, Bohnen waschen. Wasser zum Kochen bringen, die grünen Bohnen darin 2-3 Minuten kochen, abgießen und sofort zum Abkühlen mit kaltem Wasser übergießen. Die Knoblauchzehen schälen und halbieren. Anschließend die Bohnen in die vorbereiteten Gläser füllen; dazwischen immer wieder eine halbe Knoblauchzehe. Zum Schluss Essig und Salz vermischen, auf beide Gläser verteilen und die Gläser bis zum Rand mit kaltem Wasser auffüllen.
Die Bohnen 7-8 Tage bei Zimmertemperatur ruhen lassen. Wenn die Bohnen gelblich geworden sind, sind sie fertig für den Verzehr.

Reinigen Sie die Gläser gründlich und spülen Sie sie vor dem Befüllen noch kurz mit heißem Wasser aus.

FMA♦AKKAP Anadolu
Cam Sağlıktır
AÇILIR-OPEN
FMA♦AKKAP

# Karnı Yarık

## Gefüllte Auberginen

Für 4 Personen

2 große, längliche Auberginen
4 EL Olivenöl oder Keimöl
500 g Hackfleisch
1 Zwiebel, fein gehackt
2 Spitzpaprika
1 Dose geschälte Tomaten
je 1 TL Salz und Pfeffer
1 Bund Petersilie, fein gehackt
2 Tomaten

*Für die Sauce:*
1 EL Keimöl
3 EL Tomatenmark
¼ l Wasser

Zubereitungszeit: 75 Minuten, Backdauer: 30 Minuten

Die Auberginen waschen, der Länge nach schälen (immer einen Streifen überspringen) und halbieren. Mit Öl bepinseln und mit der Schnittstelle nach oben im Backofen auf dem Rost bei 180 °C so lange backen, bis sie weich und braun sind (ca. 30 Minuten).
In der Zwischenzeit die Füllung zubereiten. Dafür das Hackfleisch im Öl anbraten, die fein gehackte Zwiebel und den Paprika dazugeben und kurz mitbraten. Mit den Dosentomaten und eventuell ein bisschen Wasser ablöschen und mit Salz und Pfeffer würzen.
Alles gut verrühren und im geschlossenen Topf ca. 15 Minuten köcheln lassen.
Ganz zum Schluss die fein gehackte Petersilie unterrühren, nochmals abschmecken.

Die weichen Auberginenhälften in eine gefettete Auflaufform legen, das Fruchtfleisch mit einem Löffel flach drücken (Achtung: Die Auberginen werden nicht ausgehöhlt!). Die Füllung in die Hälften verteilen. Es macht auch gar nichts, wenn etwas Füllung danebenbröselt. Die Tomaten waschen, halbieren, in Scheiben schneiden und zwei Scheiben auf jede gefüllte Aubergine legen. Wer es scharf mag, kann auch Chilischoten nehmen. In einem kleinen Topf den Esslöffel Öl erhitzen, das Tomatenmark unter Rühren darin auflösen, vorsichtig das Wasser einrühren, aufkochen lassen. Die Auflaufform etwa einen Zentimeter hoch mit der Sauce auffüllen. Das Ganze bei 180 °C im Backofen ca. 30 Minuten backen.

# Mücver
## Zucchinipuffer

Für 6-8 Personen

500 g Zucchini
100 g Zwiebel
100 g Schafskäse, klein gehackt
100 g Mehl
2 Eier
1 Bund Dill, fein gehackt
1 TL Salz
½ TL schwarzer Pfeffer, gemahlen
ca. 100 ml geschmacksneutrales Pflanzenöl zum Braten

Zubereitungszeit: 30 Minuten

Die Zwiebel schälen und reiben oder fein hacken, die Zucchini waschen und reiben. Den klein gehackten oder mit einer Gabel zerdrückten Schafskäse, das Mehl, die Eier und die Gewürze zur Gemüsemischung geben und alles zu einer festen Masse verrühren. Das Öl in einer flachen Pfanne erhitzen. Die Mischung löffelweise in einigem Abstand in die Pfanne geben. Die Puffer bei mittlerer Hitze auf jeder Seite zwei Minuten braten. Aus der Pfanne nehmen und auf Küchenkrepp abtropfen lassen. Heiß oder kalt servieren.

Wenn sich die Zwiebel-Zucchini-Masse zu wässrig ist, muss man sie vor der Weiterverarbeitung mit den Händen gut auspressen.

# Etli Lahana Sarması

## Gefüllte Weißkohlblätter

Für 4-6 Personen

500 g Weißkohl
½ TL Salz
2 l Wasser

*Für die Füllung:*
200 g Hackfleisch
200 g Reis
30 ml Keimöl
1 mittelgroße Zwiebel
2 EL passierte Tomaten
5-6 Zweige Petersilie
1 TL Salz
nach Belieben Paprikapulver, Pfeffer, Minze

*Für die Sauce:*
20 ml Öl oder Butter
2 EL Paprikamark
350 ml kaltes Wasser

Zubereitungszeit: 1,5 Stunden, Garzeit 30-40 Minuten

Den Strunk von den Kohlblättern entfernen, Kohlblätter waschen. Das Salzwasser zum Kochen bringen, die Blätter hineingeben, etwa 5 Minuten kochen lassen, danach abgießen und abtropfen lassen.
Die Zutaten für die Füllung vorbereiten. Hackfleisch und ungekochten, gewaschenen Reis zusammen mit dem Öl und der gehackten Zwiebel in eine Schüssel geben, die passierten Tomaten, die gehackte Petersilie und die Gewürze dazugeben. Alle Zutaten gut vermengen und abschmecken. Nun auf jedes Blatt (man kann je nach Größe der Kohlblätter aus einem Blatt mehrere Rouladen/Rauten machen) einen Teelöffel Füllung geben und die Füllung einrollen. Die Mini-Rouladen in einen Topf schichten.
In einem Topf Butter schmelzen, das Paprikamark unterrühren und mit Wasser aufgießen. Die heiße Sauce vorsichtig über die Krautwickel gießen. Das Ganze im Topf mit einem Teller beschweren und 30-40 Minuten bei niedriger Temperatur kochen lassen. Heiß servieren.

Dazu schmecket Joghurtsauce besonders gut!

# Zeytinyağlı Taze Fasulye
## Grüne-Bohnengemüse

Für 4 Personen

500 g grüne Bohnen
50 ml Olivenöl
150 g Zwiebeln
2 milde Spitzpaprika
2 Tomaten
1 Knoblauchzehe
1 TL Salz
1 EL Tomatenmark
200 ml Wasser

Zubereitungszeit: 20 Minuten, Garzeit: 20 Minuten

Die Bohnen putzen, wenn nötig die Fäden entfernen, gründlich waschen und in etwa 2,5 Zentimeter lange Stücke schneiden. In einem Topf das Öl erhitzen und darin die gehackten Zwiebeln goldbraun anbraten. Dann die Bohnen hinzufügen und alles bei niedriger Hitze braten. Die Spitzpaprika waschen, die Kerne und die weißen Trennhäute entfernen, Paprika in schmale Streifen schneiden. Die Tomaten waschen, schälen und würfeln und beides in den Topf zu den Bohnen geben. Alles gut umrühren und weitere 5 Minuten braten. Den Knoblauch schälen, fein schneiden und zum Gemüse geben. Danach Tomatenmark und Salz unterrühren, mit dem Wasser auffüllen und bei niedriger Hitze köcheln lassen, bis die Bohnen gar sind.

# Ramazan Bayramı

## Ramadanfest

R*amazan Bayramı,* oder auch *Şeker Bayramı,* ist im Deutschen bekannt als Ramadanfest oder auch als Zuckerfest. Es ist das Fest des Fastenbrechens und wird nach dem Ramadan gefeiert. Ramadan ist der neunte Monat des islamischen Mondkalenders und der islamische Fastenmonat, in dem allen Muslimen zwischen Anbruch der Morgendämmerung und dem Sonnenuntergang leibliche Genüsse wie das Essen, das Trinken und das Rauchen nicht gestattet sind. Der Fastenmonat Ramadan gehört zu den fünf Säulen (Pflichten) des Islam.

Da der islamische Kalender sich an den Mondphasen orientiert, findet der Ramadanmonat jedes Jahr um zehn Tage früher statt.

Bayram wird am ersten, zweiten und am dritten Tag des Schauwal (zehnter Monat des islamischen Mondkalenders) gefeiert und ist ein beliebter muslimischer Feiertag für Groß und Klein.

Wie feiert man Bayram?

Am ersten Morgen besuchen die Männer der Familie bei Morgendämmerung die Moschee, um dort gemeinsam das besondere Gebet des Festtages zu zelebrieren. Währenddessen bereiten die Frauen ein besonders schönes und reichhaltiges Frühstück vor, da es das erste nach Ramadan ist. Wenn die Männer von der Moschee zurückkehren, wird gemeinsam mit der ganzen Familie gefrühstückt. Der restliche Tag wird genutzt, um die Verwandtschaft zu besuchen. Zur Begrüßung und als Zeichen des Respektes wird die Hand der älteren Menschen geküsst und auf die Stirn gelegt. Danach werden süße Gerichte gereicht und eine Menge Süßigkeiten verteilt und gegessen. Man macht sich gegenseitig und oftmals auch den Bedürftigen schöne Geschenke. Alle ziehen sich festlich an, und das Haus wird blitzblank geputzt.

ETYEMEZ
KÖYÜ CAMİİ
TAMİR 1972

Dilem
80°

Das Ramadanfest wird auch als Zuckerfest bezeichnet, weil die Älteren den Kindern sehr viele Süßigkeiten schenken, um sie glücklich zu machen. Das Zuckerfest sorgt so dafür, dass man den Kindern ihre Religion näherbringt, weil sie sich auf etwas freuen können.

Der 9. September 2010 war für meine Geschwister und mich, Hilal, das erste Bayramfest, das wir mit unserer Großfamilie feiern durften, da es seit meiner Geburt zum ersten Mal genau in den deutschen Sommerferien stattfand. Wir freuten uns natürlich sehr darauf, doch die Freude meiner Eltern war getrübt, denn es war auch das erste Ramadanfest nach dem Tod unseres Großvaters. Deshalb besuchten wir an dem Tag auch als Erstes sein Grab, um ihm unseren Respekt zu erweisen.
Nach dem gemeinsamen Frühstück haben wir, Groß und Klein, uns gegenseitig ein frohes Fest gewünscht, danach den Verwandten und Nachbarn im Dorf.

Den Kindern gab meine Tante jeweils eine kleine Tüte in die Hand, mit der sie im Dorf von Tür zu Tür gingen, um Süßigkeiten einzusammeln.
Außerdem wurden viele Telefonate geführt, um auch den Verwandten außerhalb von Sivas, die wir nicht besuchen konnten, ein schönes Fest zu wünschen.

# Peynirli Börek

## Käsepastete

Für 1 runde Kuchenform

5 Blätter *Yufka*-Teig aus dem türkischen Lebensmittelladen (siehe Glossar)
2 Eier
150 ml Milch
200 g Schlagsahne
2 EL Naturjoghurt
50 ml geschmacksneutrales Pflanzenöl
200 g Schafskäse
1 kleiner Bund Petersilie, fein gehackt

Zubereitungszeit: 20 Minuten, Backzeit: etwa 40 Minuten

Den *Yufka*-Teig aus der Packung nehmen und ihn kurz ruhen lassen.

In der Zwischenzeit die Sauce zubereiten. In einer tiefen Schüssel die Eier, Milch, Schlagsahne, Joghurt und Öl mit einem Schneebesen zu einer dickflüssigen Sauce verrühren.
In einer anderen Schüssel den Käse mit einer Gabel zerbröseln und mit der gewaschenen und fein gehackten frischen Petersilie vermengen.
Eine runde Kuchenform mit glattem Boden oder eine Springform mit Öl bestreichen und sie mit dem ersten *Yufka*-Blatt so auslegen, dass der Teig über den Rand der Kuchenform hängt. Den Teigboden mit einem Pinsel mit der vorbereiteten Sauce bestreichen, das zweite Teigblatt darüberlegen, aber ein wenig faltig und zerknittert; es soll nicht über den Rand der Kuchenform schauen. Jetzt die Hälfte der Käse-Petersilien-Mischung auf dem Teig verteilen. Wieder ein Teigblatt zerknittert darüberlegen, mit der Sauce bestreichen und den restlichen Käse auf dieser Schicht verteilen. Das vorletzte Teigblatt darauflegen und mit der Sauce bestreichen. Nun das letzte Teigblatt darüberbreiten und den überstehenden Rand des Teigbodens über die oberste Schicht klappen, damit von der Füllung nichts auslaufen kann. Mit der restlichen Sauce bestreichen und nach Belieben mit Schwarzkümmel bestreuen. Im vorgeheizten Backofen bei 250 °C 30-40 Minuten backen, bis die Pastetenoberfläche goldbraun ist.

Die fertige Käsepastete in Kuchenstücke schneiden und noch warm servieren.

Die *Yufka*-Blätter sind sehr dünn und können deshalb leicht reißen. Das ist nicht schlimm. Kleinere Löcher oder Risse können Sie mit einem Stückchen *Yufka* flicken.

# Üzümyaprağı Sarması
## Gefüllte Weinblätter

Für 4-6 Personen

300 g Weinblätter (siehe Glosar)
400 g Langkornreis
150 ml geschmacksneutrales Pflanzenöl
150 g Zwiebeln, fein gehackt
150 g passierte Tomaten
1 TL Salz
1 EL Paprikamark
½ TL gemahlener Pfeffer (weiß oder schwarz)
½ TL Paprikapulver
3 EL gehackte frische Minzeblättchen
500 ml Wasser
½ TL Salz

Zubereitungszeit: 1 Stunde, Garzeit: 1-1,5 Stunden

Weinblätter in einer mit Wasser gefüllten Schüssel gründlich waschen und in einem Sieb abtropfen lassen. Den Reis waschen und ebenfalls in einem Sieb abtropfen lassen.
In einer beschichteten Pfanne 100 Milliliter Öl erhitzen. Die fein gehackten Zwiebeln kurz anbraten. Den gewaschenen Reis dazugeben und ebenfalls kurz anbraten. Nach und nach die passierten Tomaten, Salz, Paprikamark und Gewürze unterrühren und 5 Minuten bei niedriger Hitze köcheln lassen. Die Pfanne vom Herd nehmen.
Den Boden eines Kochtopfes mit einigen Weinblättern auslegen. Die restlichen Weinblätter werden gefüllt. Dazu ein Weinblatt mit der glatten Seite nach unten auf ein Schneidbrett legen. Einen Teelöffel der Füllung in der Mitte des Weinblattes quer zur Mittelader verteilen, das Blatt oben und unten einschlagen und zusammenrollen. So weiter verfahren, bis Blätter und Füllung aufgebraucht sind. Die gefüllten Weinblätter nebeneinander im Kreis in den Topf setzen. Den Rest des Öls darübergießen, mit Wasser auffüllen und salzen. Bei mittlerer Hitze 1-1,5 Stunden kochen lassen.

☪ Zwischendurch kontrollieren, ob die Füllung schon gar ist und die Weinblätter weich sind. Eventuell die Garzeit etwas verlängern.

# Menemen

## Tomatenfrühstück

Für 4 Personen

700 g Tomaten
3-4 Spitzpaprika (mild oder scharf)
100 ml geschmacksneutrales Pflanzenöl oder Olivenöl
2 Eier
½ TL Salz
dazu: Fladenbrot

Zubereitungszeit: 20 Minuten

Die Tomaten waschen, häuten und in Würfel schneiden. Die Deckel der Paprikaschoten abschneiden, die Kerne und die weißen Trennhäute vorsichtig entfernen; Paprika waschen und in feine Ringe schneiden. In einer großen Pfanne das Öl erhitzen und die Paprikaringe anbraten. Danach die Tomatenstückchen und das Salz einrühren. Zugedeckt ca. 10 Minuten bei niedriger Hitze köcheln lassen.

Nun die Eier kurz unterrühren und die Tomaten-Paprika-Ei-Mischung zugedeckt noch mal ca. 5 Minuten garen lassen.

Mit frischem Fladenbrot heiß zum Frühstück servieren und genießen.

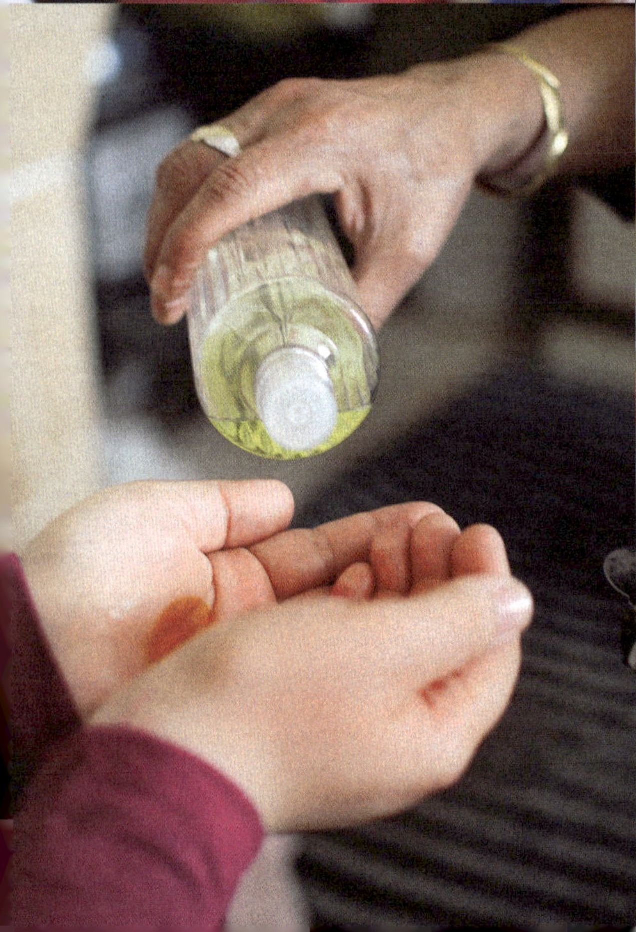

# *Baklava*

## Baklava

Für 1 runde Kuchenform

2 Eier
3 EL Joghurt
1 EL Weißweinessig
50 ml geschmacksneutrales Pflanzenöl
1 Prise Salz
½ Päckchen Backpulver
360 g Mehl
ca. 100 g Mehl zum Ausrollen des Teigs
300 g Speisestärke
200 g grob gemahlene Walnüsse
500 ml Maiskeimöl

*Für den Zuckersirup:*
600 g Zucker
750 ml Wasser
1 TL Zitronensaft

*Für die Dekoration:*
50 g gemahlene Walnüsse oder Pistazienkerne

Zubereitungszeit ca. 1,5 Stunden, Backzeit: 35 Minuten

Die Eier, den Joghurt, Essig, das Öl, das Salz, das Backpulver und das Mehl zunächst in einer Schüssel und dann auf der mit Mehl bestreuten Arbeitsfläche durchkneten, bis der Teig schön glatt ist, nicht mehr klebt und nicht reißt. Aus dem Teig ca. 45 haselnussgroße Bällchen formen. Die Teigbällchen mit einem bemehlten Nudelholz erst einzeln in Tellergröße ausrollen und mit Speisestärke bestreuen, damit die Baklava beim Backen schön knusprig wird. Dann 15 Teigblätter aufeinanderlegen, den Stapel auf Größe der Kuchenform ausrollen und auf den eingefetteten oder mit Backpapier ausgelegten Boden der Form legen. Anschließend die Hälfte der gemahlenen Walnüsse auf dieser Schicht verteilen, noch mal 15 mit Speisestärke bestreute und aufeinandergestapelte Blätter ausrollen, auf die Walnussschicht legen und die andere Hälfte der Walnüsse darauf verteilen. Die letzten 15 Blätter ausrollen, mit Speisestärke bestreuen, aufeinandersetzen und die letzte Schicht damit bedecken. Noch vor dem Backen die Baklava in der Kuchenform in kleine Rauten schneiden.
Nun das Öl auf dem Herd erhitzen und noch heiß mit einem Esslöffel über die Baklava verteilen. Anschließend die Baklava im vorgeheizten Backofen bei 200 °C etwa 35 Minuten backen. Die Oberfläche soll goldbraun sein.

In der Zwischenzeit den Zuckersirup vorbereiten. Wasser und Zucker in einem Topf bei mäßiger Hitze 20-25 Minuten kochen lassen. Danach einen Teelöffel Zitronensaft unterrühren, den Herd ausmachen und den Zuckersirup ruhen lassen.
Die Baklava aus dem Ofen nehmen, fünf Minuten abkühlen lassen, den lauwarmen Sirup mit einem Löffel gleichmäßig darüber verteilen und einziehen lassen.
Vor dem Servieren die Baklavastücke mit gemahlenen Walnüssen oder Pistazien dekorieren. Fertig ist Ihre Baklava!

# Aşure
## Süße Getreide-Früchte-Suppe

Für 8-10 Personen

200 g *Dövme buğday*, Weizenschrot aus dem türkischen Lebensmittelladen (siehe Glossar)
100 g weißer Langkornreis
150 g Kichererbsen
150 g weiße Bohnen
100 g getrocknete Aprikosen
100 g getrocknete Feigen
200 g kernlose Rosinen
400 g Zucker
200 g gehackte Walnüsse
3 l Wasser

Zubereitungszeit inklusive Garzeit: ca. 3 Stunden plus 12 Stunden Einweichzeit

Den Weizenschrot und den Reis waschen und in getrennten Schüsseln in jeweils 500 Milliliter Wasser über Nacht einweichen. Den Reis morgens abtropfen lassen. Die Kichererbsen und die Bohnen ebenfalls gut waschen und in getrennten Schüsseln mit 250 Milliliter Wasser einweichen.
Den Weizenschrot mit 800 Milliliter kaltem Wasser aufsetzen, etwa eine Stunde kochen, bis die Weizenkörner aufplatzen; gegebenenfalls Wasser nachfüllen. Die Kichererbsen und die Bohnen mit jeweils 500 Milliliter kaltem Wasser in getrennten Töpfen aufsetzen und kochen lassen, bis sie weich sind. Währenddessen die Trockenfrüchte waschen, klein schneiden, in einer Schüssel mit 500 Milliliter kochendem Wasser übergießen und ca. 2 Stunden einweichen lassen.
Danach alle Zutaten – jetzt erst kommt auch der Reis dazu – in einem großen Topf vereinen und 15 Minuten köcheln lassen. Während des Kochens ganz langsam den Zucker einrieseln lassen und unterrühren, damit der Weizenschrot nicht hart wird. Unter ständigem Rühren die süße Suppe 5-10 Minuten weiter köcheln lassen, bis sie eindickt. Jetzt ist das ständige Rühren besonders wichtig, damit *Aşure* nicht anbrennt.
Vom Herd nehmen, in kleine Schüsseln füllen, mit den gehackten Walnüssen dekorieren und heiß oder kalt servieren.

Rodi denims

# Baklagiller, Pirinç & Bulgur
# HÜLSENFRÜCHTE, REIS & BULGUR

Zentralanatolien ist eines der großen Weizenanbaugebiete der Türkei. 30 Prozent des türkischen Weizens werden dort geerntet. Aber auch Reis wird in guter Qualität und großer Menge dort angebaut. Kein Wunder also, dass Reis und der aus Weizen gewonnene Bulgur der Rohstoff für viele Pilavs sind, die dann mit den verschiedensten Zutaten angereichert oder zu Fleisch- und Gemüsegerichten serviert werden. Für die Zubereitung des Reis-Pilav-Grundrezepts und des Bulgur-Pilav-Grundrezepts habe ich verschiedene Methoden gewählt. Diese Vorgehensweisen sind aber durchaus jeweils austauschbar. Wichtig ist nur, dass ein Pilav während der Garzeit nicht umgerührt werden sollte, es sei denn, das Rezept sieht dies ausdrücklich vor.

In der Türkei werden zudem Hülsenfrüchte in großem Umfang angebaut und von dort aus auch nach Europa exportiert. Rote, gelbe und grüne Linsen werden in Zentralanatolien genauso angebaut wie Kichererbsen. (Die Türkei ist nach Indien der zweitgrößte Produzent von Kichererbsen.)
Viele deutsche Anbieter von Bioprodukten beziehen ihre Hülsenfrüchte aus der Türkei, wo dem Biolandbau viel Bedeutung beigemessen wird. Seit die Vollwertküche auch in Deutschland zunehmend beliebt ist, haben Hülsenfrüchte den Ruf eines Armeleuteessens verloren. Die bei uns schon immer sehr gern gegessenen Gerichte mit Linsen, weißen Bohnen oder Kichererbsen werden jetzt auch in Deutschland wieder sehr geachtet und geschätzt. Und dies nicht nur wegen ihres hohen Eiweißgehalts, der sie zum idealen Fleischersatz (nicht nur für Vegetarier) macht, und nicht nur wegen des hohen Anteils an Ballaststoffen, die der Verdauung guttun – sondern weil sie einfach köstlich schmecken, wenn man sie liebevoll und sachgerecht zubereitet. Sie haben die Wahl: ob als Hauptgericht (Kichererbsen mit Fleisch), als Vorspeise (Bulgurkroketten mit roten Linsen), als Salat (Weiße-Bohnen-Salat) oder als Suppe (sommerliche Linsensuppe).

Übrigens: Haben Sie schon mal geröstete Kichererbsen geknabbert? Probieren Sie's.

# Bulgur Çorbası

## Bulgursuppe

Für 4-6 Personen

1 Kartoffel
3 EL Keimöl
100 g grüne Bohnen
1 Zwiebel
1 EL Tomatenmark
1,2 l Wasser
100 g mittel- oder grob geschnittener Bulgur
1 TL Salz
1 EL Petersilie, grob gehackt
1 EL getrocknete Minze

Zubereitungszeit: 45 Minuten

Die Kartoffel waschen, schälen, klein schneiden und zur Seite stellen.
Die Bohnen putzen, waschen und klein schneiden. In einem Topf das Öl erhitzen, die geschnittenen Bohnen in den Topf geben und 7-8 Minuten braten. Die Zwiebel schälen, fein hacken und zu den Bohnen geben. Das Tomatenmark in das Wasser einrühren, die Mischung in den Topf zu den Bohnen gießen und aufkochen lassen. Die Kartoffelstückchen abgießen und mit Bulgur und Salz in den Topf geben und bei mittlerer Hitze kochen lassen, bis die Bohnen und die Kartoffelstückchen gar sind. Nach Belieben Minze und / oder Petersilie darüberstreuen und heiß servieren.

ÇANAKKALE
GEÇİLMEZ

# Pirinç Pilavı

## Reis-Pilav (Grundrezept)

Für 4-6 Personen

500 g Langkornreis
500 ml heißes Wasser
1 TL Salz
100 ml Keimöl
750 ml kaltes Wasser

Zubereitungszeit: 25 Minuten, Garzeit: 15 Minuten

Den Reis in eine Schüssel geben, mit heißem Wasser auffüllen, den Teelöffel Salz einrühren und 20 Minuten ruhen lassen. In einem Sieb abgießen. Das Öl in einem beschichteten Topf oder einer Pfanne mit hohem Rand erhitzen, den Reis dazugeben und 7-8 Minuten rösten. Nach und nach vorsichtig mit dem kalten Wasser aufgießen, salzen. Zugedeckt bei minimaler Hitze kochen lassen, bis der Reis das Wasser ganz aufgesogen hat. Den Topf vom Herd nehmen, ein Blatt Küchenrolle auf den geöffneten Topf legen und wieder mit dem Deckel gut verschließen; so kann die Küchenrolle den aufsteigenden Dampf aufnehmen und der Reis wird locker und körnig. 20 Minuten ruhen lassen, umrühren und servieren.

Wenn Sie ein Stück Würfelzucker und / oder ein bis zwei Tropfen Zitronensaft hinzufügen, nachdem Sie den Reis mit kaltem Wasser aufgegossen haben, werden die Reiskörner weißer.

# Etli Nohut Yemeği

## Kichererbsen mit Fleisch

Für 4-6 Personen

300 g Kichererbsen
150 g Lamm- oder Rindfleisch
2 EL Keimöl
1 mittelgroße Zwiebel
2 EL Paprikamark oder Tomatenmark
1 TL Salz
1,5 l Wasser

Zubereitungszeit: 20 Minuten, Garzeit: insgesamt 2 Stunden

Kichererbsen gründlich waschen, gut bedeckt mit kaltem Wasser aufsetzen und eine halbe Stunde kochen. Abgießen und abtropfen lassen. In der Zwischenzeit das Fleisch in kleine Stücke schneiden und in einem Topf ohne Fett garen, bis der austretende Fleischsaft wieder völlig eingekocht ist. Das Öl, die gehackte Zwiebel und das Paprikamark dazugeben und unterrühren. Die abgetropften Kichererbsen in den Topf geben, salzen, mit dem Wasser aufgießen, kurz umrühren und zugedeckt 1,5 Stunden kochen lassen.

Mit einem Schnellkochtopf müssen Sie das Ganze nur 10 Minuten kochen lassen.

# Erişte

## Türkische Nudeln, selbst gemacht (Grundrezept)

Für 6-8 Personen

500 g Mehl
200 ml Wasser
1 TL Salz

Zubereitungszeit: 3-4 Stunden

Mehl, Wasser und Salz zu einem festen Teig verkneten. Den Teig in fünf etwa gleich große Stücke teilen. Die Stücke auf einer bemehlten Arbeitsplatte zwei bis drei Millimeter dick ausrollen und nach Belieben zuschneiden. Anschließend die Nudeln auf einem großen Tuch auslegen und ca. zwei Stunden in der Sonne trocknen lassen. Danach noch bei 150 °C etwa 5 Minuten im vorgeheizten Backofen trocken backen.

Die Nudeln kann man an einem kühlen, trockenen Platz in einer Dose ca. ein Jahr lang aufbewahren. Man kann also auch eine größere Menge als oben angegeben zubereiten.

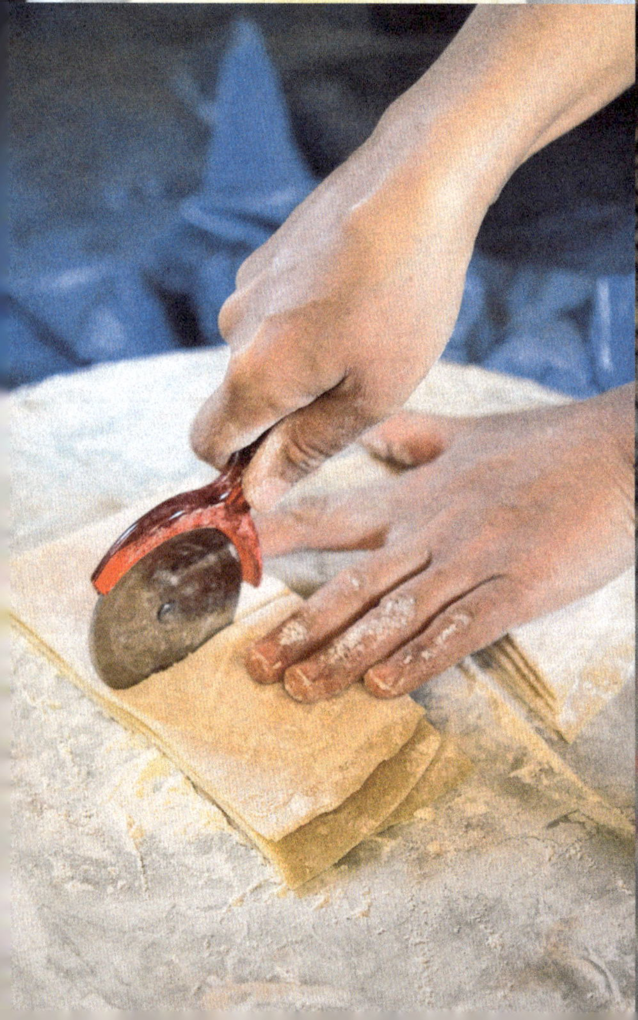

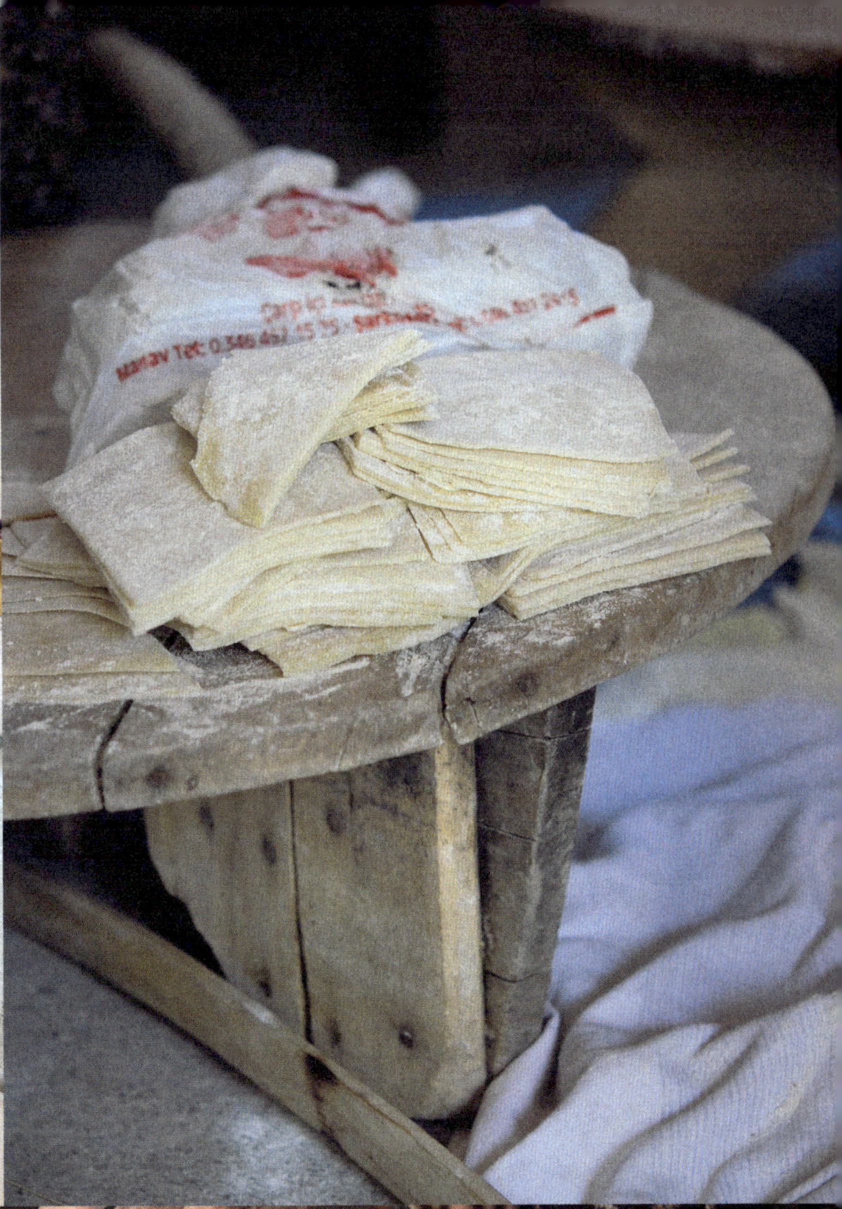

Sertifikalı
Hububat

# Yoğurtlu Köfte

## Bulgurbällchen in Spinat-Joghurt-Sauce

Für 4-6 Personen

150 g feiner Bulgur
250 ml kaltes Wasser
1 TL Salz
4 EL Mehl
500 g Spinat
2 l Wasser
2 TL Salz
1 kg Joghurt
2 Knoblauchzehe, Keim entfernt
1 TL Salz

Zubereitungszeit: 1 ½ Stunden

Den Bulgur in eine Schüssel geben, mit dem kalten Wasser übergießen und 10 Minuten ruhen lassen. Danach das Salz und das Mehl dazugeben und den Bulgur zu einer Kugel kneten. Von dieser Kugel walnussgroße Stückchen abzupfen, zwischen den Händen zu etwa einen Zentimeter dicken Strängen formen; von diesen kichererbsengroße Stücke abteilen und zu Bällchen rollen.

Den Spinat putzen, waschen, gut abtropfen lassen und klein schneiden. Zwei Liter Wasser zum Kochen bringen, Salz dazugeben, die Bulgurbällchen einzeln hinzufügen, vorsichtig umrühren, damit sie nicht zusammenkleben, und 5 Minuten kochen lassen. Den Spinat zu den Bulgurbällchen in den Topf geben und alles noch 5-6 Minuten kochen lassen. Anschließend den Spinat und die Bulgurbällchen mit einem Schaumlöffel oder einem langstieligen kleinen Sieb aus dem Topf nehmen, abtropfen lassen und zum Abkühlen auf einem großen Teller ausbreiten.

Den Joghurt in einer Schüssel mit dem geschälten und fein gehackten Knoblauch und dem Salz verrühren. Zum Schluss die Bulgurbällchen und den Spinat unterheben und das Ganze vor dem Servieren etwas ruhen lassen.

# Mercimekli Bad

## Sommerliche Linsensuppe

Für 4-6 Personen

200 g grüne Linsen
1 l kaltes Wasser
100 g fein gemahlener Bulgur
½ TL Salz
½ l kaltes Wasser
1 EL Paprikamark
3 Frühlingszwiebeln
2 Tomaten
1 Spitzpaprika
½ Bund Petersilie
Saft von ½ Zitrone
Pfeffer, Paprikapulver

Zubereitungszeit: 30 Minuten

Grüne Linsen gründlich waschen, in dem Liter kaltem Wasser aufsetzen und 12-15 Minuten kochen lassen, bis die Linsen gar sind. Dann Bulgur und Salz dazugeben, den Herd ausschalten und das Ganze ziehen lassen, bis der Bulgur das Wasser ganz aufgesogen hat; den Topf vom Herd nehmen und abkühlen lassen.
In einer tiefen Schüssel den halben Liter kaltes Wasser mit dem Paprikamark verrühren. Frühlingszwiebeln, Tomaten, Paprika und Petersilie waschen und klein hacken. Zitronensaft und Gewürze dazugeben. Die abgekühlten Linsen unterrühren, mit Salz, Pfeffer und Paprikapulver abschmecken. Kalt servieren.

Sie können dazu gekochte Weinblätter servieren. Man kann die Suppe auch löffelweise in ein Weinblatt, das man in der Handfläche zu einem Schüsselchen geformt hat, geben und sie samt Weinblatt verspeisen.

# Mercimekli Köfte
## Bulgur mit roten Linsen

Für 4-6 Personen

300 g rote Linsen
500 ml Wasser
200 g fein gemahlener Bulgur
150 ml geschmacksneutrales Pflanzenöl
1 Zwiebel
2 EL Tomatenmark
5 Frühlingszwiebeln
½ Bund Petersilie
½ TL Salz
½ TL Pfeffer
½ TL Paprikapulver
Salatblätter zum Anrichten

Zubereitungszeit: 1 Stunde

Die Linsen gut waschen, in den 500 Millilitern kaltem Wasser aufsetzen und 12-15 Minuten kochen lassen. Wenn die Linsen gar sind, den Bulgur dazugeben, eventuell etwas Wasser nachgießen, den Herd ausschalten und beides zugedeckt ziehen lassen, bis der Bulgur das Wasser ganz aufgesogen hat.
In einer Pfanne das Öl erhitzen, die Zwiebel schälen, fein hacken und anbraten. Das Tomatenmark einrühren und die Öl-Tomatenmark-Mischung zu den Linsen geben. Die Frühlingszwiebeln und die Petersilie fein hacken und dazugeben. Salz und Gewürze untermischen und den Linsen-Bulgur-Teig gut durchkneten.
Zwischen den Handflächen aus dem Teig kleine „Kroketten" formen und diese auf einem mit Salatblättern ausgelegten Servierteller anrichten.

☪ Sie können auch grüne Linsen nehmen oder rote und grüne Linsen; die Entscheidung liegt bei Ihnen.

# Sebzeli Bulgur Pilavı

## Hirten-Pilav

Für 4-6 Personen

2 grüne Paprikaschoten
2 Tomaten
100 g Butter
300 g Bulgur
600 ml kochendes Wasser
1 Teelöffel Salz

Zubereitungszeit: 30 Minuten, Garzeit: ca. 25 Minuten

Die Paprikaschoten und die Tomaten waschen, die Kerne und die weißen Trennwände aus den Paprikaschoten entfernen; alles in kleine Stückchen schneiden. In einem Topf die Butter schmelzen lassen, das Gemüse hinzufügen und 2-3 Minuten anbraten. Nach und nach den Bulgur, das kochende Wasser und das Salz dazugeben und bei niedriger Hitze unter ständigem Rühren so lange köcheln lassen, bis der Bulgur das Wasser völlig aufgesogen hat. Darauf achten, dass der Bulgur nicht ansetzt. Den Topf vom Herd nehmen und den Bulgur 5-10 Minuten ruhen lassen. Vor dem Servieren noch mal gut durchrühren.

Man kann den fertigen Bulgur heiß oder kalt mit frischem Gemüse als Beilage reichen. Er eignet sich so auch hervorragend als kleine Vorspeise.

# Çevirme Pilavı

## Gestürzter Pilav

Für 4-6 Personen

350 g Langkornreis
500 g Lamm- oder Rindfleisch
50 ml Keimöl
1 Tomate
2 Spitzpaprika
100 ml Keimöl
600 ml Wasser
1 TL Salz

Zubereitungszeit: 1 Stunde

Den Reis in einer Schüssel mit kochendem Wasser und einen Teelöffel Salz 20 Minuten ruhen lassen.
Das Fleisch kleine Stücke schneiden und in einem beschichteten Topf garen lassen, bis der austretende Fleischsaft völlig eingekocht ist. Dann die 50 Milliliter Öl dazugeben und 5-6 Minuten braten. Die Tomate waschen und enthäuten; die Paprika entkernen, die weißen Trennhäute entfernen, waschen; das Gemüse klein schneiden und in den Fleischtopf geben. Den abgegossenen und gut abgetropften Reis in einer Pfanne mit den 100 Millilitern Öl anbraten, über das Fleisch in den Topf schichten. Die 600 Milliliter Wasser aufkochen lassen, Salz zugeben und vorsichtig über den Reis gießen. Bei mittlerer Hitze kochen lassen, bis das Wasser eingezogen und der Reis gar ist; dabei besonders darauf achten, dass nichts am Topfboden ansetzt! Den Topf vom Herd nehmen, einen großen Teller mit dem Boden nach oben auf den Topf legen, den Topf stürzen und den Reis heiß servieren.

# *Etler* FLEISCHGERICHTE

Manchmal werde ich gefragt, ob in der Türkei wirklich so wenig Fleisch gegessen wird, wie es die Mengenangaben bei den Fleischgerichten vermuten lassen.
Darauf gibt es eine ganz einfache Antwort: Fleisch ist aus der türkischen Küche nicht wegzudenken. Schon in den frühesten türkischen Schriftquellen werden Kebaps und gekochte Fleischgerichte erwähnt und es wird berichtet, dass Wettbewerbe „im Aufspießen von Fleisch" stattfanden. Auch heute ist die türkische Küche international berühmt für ihre Kebaps. Wobei Kebap eigentlich nur der Sammelbegriff für gewürfeltes Fleisch in den verschiedensten Varianten ist: Kebap kommt gegrillt, geröstet, gebraten und gedünstet auf den Tisch, scharf gewürzt oder mild, mit und ohne Spieß *(Şiş kebabı)* oder am großen Drehspieß *(Döner kebabı)*, aber eigentlich immer mit Gemüse, Brot und schmackhaften Saucen.

Daneben sind *Köfte* sehr beliebt, die Hackfleischbällchen, die ebenfalls in unzähligen Varianten zubereitet werden. Fleisch wird also sehr hoch geschätzt. Am beliebtesten sind Lamm- und Hammelfleisch, aber auch Rindfleisch und Geflügel gehören immer wieder auf den Tisch. In der Tat ist aber die Fleischmenge in den einzelnen Speisen geringer als in deutschen Kochbüchern. Und dies aus zwei Gründen: Erstens besteht in der Türkei eine Mahlzeit meist aus mehreren Gängen. Und in fast jedem Gang – von der Suppe angefangen – ist Fleisch enthalten. Zweitens wird Fleisch nicht so sehr als Hauptbestandteil einer Mahlzeit betrachtet, dem sich alles andere als „Beilage" unterordnet; vielmehr werden Gemüse, Hülsenfrüchte, Brot oder Reis als gleichwertige Bestandteile gesehen.

Vielleicht wundern Sie sich über die in der deutschen Küche weniger gebräuchliche Art, nach der ich das Fleisch für viele der vorliegenden Rezepte zubereitet habe: Das in kleine Würfel geschnittene Fleisch wird in einer beschichteten Pfanne bei geringer Hitze auf den Herd gestellt und der Deckel aufgelegt. Manchmal wird dem Fleisch zu Beginn der Zubereitung auch etwas Mineralwasser hinzugefügt, sodass es einen Moment kocht. Erst wenn der austretende Fleischsaft ganz eingekocht ist und das Fleisch anfängt zu brutzeln, wird Fett hinzugefügt und das Fleisch richtig angebraten. Probieren Sie es aus. Sie werden sehen, dass das Fleisch sehr zart und aromatisch wird.

# Patates Yahnisi
## Kartoffeleintopf mit Fleisch

Für 4-6 Personen

200 g Lamm- oder Rindfleisch
50 g Butter
1 Zwiebel
500 g Kartoffeln
1 EL Paprikamark
500 ml Wasser
½ TL Salz
3-4 Zweige frische Petersilie, gehackt
frische Minze

Zubereitungszeit: 45 Minuten, Garzeit: 30 Minuten

Das Fleisch in kleine Stücke schneiden und in einem Topf bei mittlerer Hitze ohne Fett zugedeckt garen, bis der austretende Fleischsaft wieder völlig eingekocht ist. Die Butter dazugeben und das Fleisch darin kurz braten. Währenddessen die Zwiebel schälen und klein hacken, die Kartoffeln waschen, schälen und in Würfel schneiden. Zwiebel, Kartoffeln und Paprikamark mit dem Fleisch verrühren, Wasser und Salz dazugeben und 30 Minuten zugedeckt bei geringer Hitze kochen lassen. Zum Schluss die Petersilie unterrühren. Mit Minze geschmückt servieren.

# *Manti*

## Teigtäschchen mit Hackfleischfüllung

Für 4-6 Personen

*Für den Teig:*
500 g Mehl
1 Ei
1 TL Salz
180 ml Wasser
*Für die Füllung:*
300 g Hackfleisch
1 Zwiebel
6-7 Zweige Petersilie
je ½ Salz, Pfeffer, Paprikapulver, Minze

2 l Wasser zum Kochen
500 ml Joghurt
2 Knoblauchzehen
100 g Butter
2 EL Tomatenmark
1 TL Salz

Zubereitungszeit: 1,5 Stunden

Für den Teig das Mehl, das Ei, Salz und Wasser zu einem festen, glatten Teig verkneten und ca. 40 Minuten ruhen lassen.
In der Zwischenzeit das Hackfleisch mit der sehr fein gehackten Zwiebel, Petersilie, Salz, Pfeffer und Paprikapulver gut vermengen.

Nach dem Ruhen den Teig in acht kleine Stücke aufteilen und diese auf einer bemehlten Arbeitsfläche hauchdünn ausrollen. Mit einem Messer oder Teigroller Quadrate von etwa zwei Zentimeter Seitenlänge ausschneiden. In jedes Quadrat etwas von der Fleischmasse geben und alle oben fest zusammendrücken (siehe Fotos), damit die Täschchen beim Kochen nicht wieder aufgehen.
Zwei Liter Wasser erhitzen, Salz hinzugeben und zum Kochen bringen. Die *Mantı* hineingeben und fünf Minuten garen lassen. Achtung: das Wasser darf nicht mehr sprudelnd kochen und der Topf muss groß genug sein, damit die *Mantı* frei schwimmen können und nicht zusammenkleben.
Anschließend die *Mantı* mit einem Schaumlöffel herausholen und abtropfen lassen.

Den Joghurt (je saurer, desto besser) mit den zerdrückten Knoblauchzehen verrühren.
Die Butter in einer kleinen Pfanne erhitzen, das Tomatenmark unterrühren und aufschäumen lassen.

Anschließend die *Mantı* in tiefen Tellern mit dem Joghurt übergießen, einen Esslöffel der Butter-Tomatenmark-Mischung darüberträufeln und servieren.

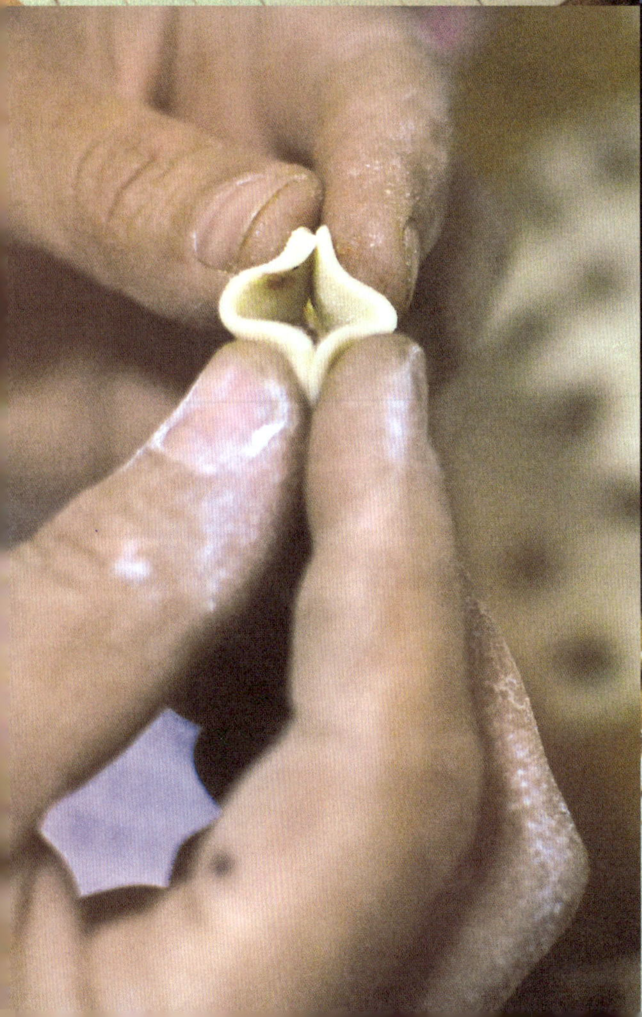

# Fırında Tavuk Patates
## Hähnchen-Kartoffeln im Ofen

Für 4-6 Personen

700 g Hähnchenkeulen
1 TL Paprikapulver
1 TL gemahlenen Pfeffer (weiß oder schwarz)
1 TL gemahlener Koriander
500 g Kartoffeln
2 Spitzpaprika
2 Tomaten
1 Zwiebel
2 EL Keimöl
1 EL Tomatenmark
400 ml Wasser
½ EL Salz

Zubereitungszeit: 20 Minuten, Schmordauer: 1 Stunde

Die Hähnchenkeulen am Gelenk teilen, waschen und trocken tupfen. Die Gewürze mischen und die Hähnchenteile damit rundherum einreiben (dabei etwas von der Gewürzmischung für die Sauce aufheben). Das Fleisch in einer Kasserolle auf allen Seiten anbraten und zur Seite stellen. Die Kartoffeln schälen, die Paprika waschen, entkernen, die Trennhäute entfernen, die Tomaten waschen, die Zwiebel schälen. Das Gemüse in große Stücke schneiden und zwischen den Hähnchenkeulen in die Kasserolle geben. Das Öl in einem kleinen Topf erhitzen, Tomatenmark, etwas Salz und den Rest der Gewürze kurz darin anbraten, mit Wasser aufkochen und das Fleisch damit aufgießen. Bei 250 °C im Backofen schmoren, bis die Hähnchen goldbraun sind.

# Şiş Kebabı
## Türkisches Schaschlik

Für 4-6 Personen

2 Tomaten
3 milde Spitzpaprika
80 ml geschmacksneutrales Pflanzenöl
4 mittelgroße Auberginen
400 g Hackfleisch
1 TL Salz
½ TL Pfeffer
*Für die Sauce:*
1 EL Tomatenmark
200 ml Wasser
½ TL Salz

Zubereitungszeit: 1 Stunde 20 Minuten, Garzeit: 20-25 Minuten

Auberginen waschen, die Enden abschneiden, in Streifen schälen und in etwa zwei Finger breite Scheiben schneiden. Sofort in eine bereitstehende Schüssel mit Salzwasser geben und 10 Minuten ruhen lassen. Dann abtropfen und auf einigen Blättern Küchenrolle trocknen lassen. Anschließend die Auberginenstücke einölen. Tomaten und Paprika waschen, die Kerne und die weißen Trennhäute entfernen und beides in Stücke schneiden, die so groß sein müssen, dass sie am Spieß halten. Das Hackfleisch mit Salz und Pfeffer würzen, gut durchkneten, zu Bällchen formen, die etwas größer sind als Walnüsse. Die Bällchen leicht platt drücken. Dann abwechselnd eine Auberginenscheibe, ein Hackfleischbällchen, Tomaten- und Paprikastücke aufspießen. Die Spieße auf einem gefetteten Backblech nebeneinanderlegen.
Für die Sauce alle Zutaten in einem kleinen Topf kurz aufkochen lassen; die fertige Sauce über die Spieße verteilen. Das Ganze im vorgeheizten Backofen bei 200 bis 220 °C etwa 25 Minuten backen bis das Hackfleisch gar ist und die Auberginen leicht braun.

Nach Belieben mit Reis-Pilav servieren. Rezept Seite.144

# Iskender

## Dönerfleisch auf geröstetem Brot mit Joghurtsauce

Für 4 Personen

600 g Rindfleisch
50 ml Mineralwasser
1 EL Keimöl
1 TL Kräuterwürzmischung für Grill und Pfanne
½ TL Salz
1 Fladenbrot

*Joghurtsauce:*
500 g Joghurt
2 Knoblauchzehen

*Tomatensauce:*
100 ml Keimöl
50 g Butter
2 EL Tomatenmark

Zubereitungszeit: 1 Stunde

Fleisch in sehr dünne Scheiben schneiden und in einer Pfanne mit Mineralwasser bei minimaler Hitze kochen lassen. Wenn das Fleisch das Wasser aufgesogen hat, Öl und Gewürze dazugeben und 7-8 Minuten braten. Das Fladenbrot vierteln, toasten oder in einer Pfanne beidseitig rösten, in Streifen schneiden und auf die Teller verteilen. Fleisch daraufschichten.

Den Joghurt und die fein gehackten Knoblauchzehen in einer Schüssel verrühren. Etwa ein Viertel davon über das Fleisch verteilen.

Anschließend bei niedriger Temperatur in einem kleinen Topf das Öl erhitzen, die Butter darin schmelzen lassen, das Tomatenmark einrühren, erhitzen und sofort über die Joghurtsauce und über das Fleisch träufeln.

## *Ekşili Köfte*

# Sauer gekochtes Lammfleisch mit Bulgurbällchen

Für 4 Personen

300 g Lammfleisch mit Knochen (vom Metzger in 4 Stücke hacken lassen)
50 g Kichererbsen
50 g weiße Bohnen
250 g feiner Bulgur
1 Zwiebel
5-6 Zweige Petersilie
2 EL Paprikamark
2 EL Grieß
2 TL Salz
Pfeffer, Paprikapulver
30 ml Keimöl
3 EL Mehl
1,5 l Wasser
1 EL Sumach (siehe Glossar)

Zubereitungszeit: 1 Stunde (plus 12 Stunden Einweichzeit)

Die Kichererbsen und die Bohnen waschen und über Nacht in verschiedenen Schüsseln in kochend heißes Wasser einlegen. Am nächsten Tag abtropfen lassen und mit je 400 Milliliter Wasser in zwei Töpfen kochen. Bulgur in einer Schüssel mit 100 Milliliter kaltem Wasser 10 Minuten ruhen lassen.
Die Zwiebel schälen und fein hacken. Petersilie waschen und fein hacken. Zwiebel, Petersilie, einen Eßlöffel Paprikamark, Grieß, einen Teelöffel Salz, Pfeffer und Paprikapulver mit dem Bulgur vermischen, das Mehl dazugeben, beides gut verkneten. Mit feuchten Fingern (am besten stellt man sich ein Glas Wasser auf die Arbeitsplatte) aus dem Teig kichererbsengroße Bällchen formen und auf einen großen Teller legen.
Das Fleisch in einem Topf kochen lassen, bis der austretende Fleischsaft wieder ganz eingekocht ist. In einem anderen Topf das Öl erhitzen, das restliche Paprikamark einrühren, vorsichtig mit dem Wasser auffüllen und kurz aufkochen lassen. Die gekochten Kichererbsen, die Bohnen und das Fleisch dazugeben. Einen Teelöffel Salz und das Sumachpulver einrühren, die Bulgurbällchen dazugeben und noch 15 Minuten kochen lassen.

# Kurban Bayramı

## Opferfest

Kurban Bayramı, das Opferfest, ist das wichtigste islamische Fest. Es wird auch „das Große Fest" genannt, weil es noch bedeutender ist als das besonders bei den Kindern so beliebte Zuckerfest zum Ende der Fastenzeit. Genau wie dieses wandert das Opferfest mit dem Mondkalender und beginnt jedes Jahr um zehn Tage früher.

Das Fest erinnert an den Propheten Ibrahim (Abraham), der nach der Überlieferung des Koran seinen Gehorsam vor Gott dadurch bewiesen hat, dass er bereit war, seinen eigenen Sohn Ismael zu opfern. Und der aus Freude darüber, dass ihm dieses Opfer dann doch in letzter Sekunde erspart wurde, zusammen mit Freunden in der Nähe von Mekka einen Widder als Opfer darbrachte.

Daher wird jedes Jahr während der Zeit, zu der sich Pilger aus aller Welt auf den Weg nach Mekka machen, das Opferfest gefeiert. Es dauert vier Tage lang. Jeder, der die finanziellen Mittel dazu besitzt, schlachtet zu diesem Anlass ein Opfertier, meist ein Schaf. Ein Drittel des Fleisches wird von der Familie verzehrt, ein Drittel wird an Freunde und Verwandte verteilt, die zu Besuch kommen. Das letzte Drittel wird an Bedürftige weitergegeben. Und wie zu allen hohen Feiertagen gibt es als Höhepunkt nach dem Besuch der Moschee ein Festmahl. Dazu gehört das Fleisch des geschlachteten Tieres, aber natürlich auch alles, was man anlässlich eines feierlichen Essens im großen Kreis genießen möchte. Da das Opferfest keinen fixen Termin hat, richtet sich die Speisenfolge auch danach, welche Produkte zu der jeweiligen Jahreszeit frisch angeboten werden. Mehrere Gänge sind es aber immer.

MY SWEET
PENGUIN

# Bülbül Yuvası
## Nachtigallen-Nester

Für 1 Backblech

*Für den Zuckersirup:*
600 g Zucker
750 ml Wasser
*Für den Teig:*
250 g Butter
3 EL Joghurt
1 Eiweiß
1 Päckchen Backpulver
ca. 350 g Mehl
1 Ei zum Bestreichen

*Für die Füllung:*
Walnuss-Hälften

Zubereitungszeit: ca. 40 Minuten, Backdauer: 30-35 Minuten

Zuerst den Zucker und das kalte Wasser in einen Topf geben und unter ständigem Rühren bei geringer Hitze aufkochen lassen. 20-25 Minuten kochen, bis die Flüssigkeit etwas eingedickt ist, abkühlen lassen.

Die Butter in einem Topf zerlassen und in eine tiefe Schüssel geben. Das Ei, Joghurt und Backpulver dazugeben und gut verrühren. Anschließend nach und nach das Mehl hinzufügen und alles zu einem geschmeidigen Teig kneten, der nicht mehr an den Händen kleben bleibt. Den Teig auf einer bemehlten Arbeitsfläche mit einer Teigrolle etwa drei Millimeter dick ausrollen.
Mit einem türkischen Teeglas oder einer runden Ausstechform Kreise ausstechen. Aus der Hälfte der Kreise in der Mitte noch mal einen kleinen Kreis ausstechen, sodass Ringe entstehen. Den restlichen Teig kneten, ausrollen und ausstechen. Dieser Vorgang wird so lange wiederholt, bis der ganze Teig aufgebraucht ist.

Nun auf jeden Kreis einen Ring legen. Die Nester auf ein mit Backpapier ausgelegtes Blech legen und bei 175 °C backen, bis sie goldgelb sind.

In die Nester Walnuss-Hälften füllen.
Nachdem sie abgekühlt sind, den Sirup mit einem Löffel über die Nester träufeln; den Rest auf das Blech verteilen, damit auch der Boden der Nester etwas davon abbekommt.

Bestreichen Sie die Kreise mit etwas Eiweiß, bevor Sie die Ringe darauflegen, damit sie sich nach dem Backen nicht wieder voneinander lösen.

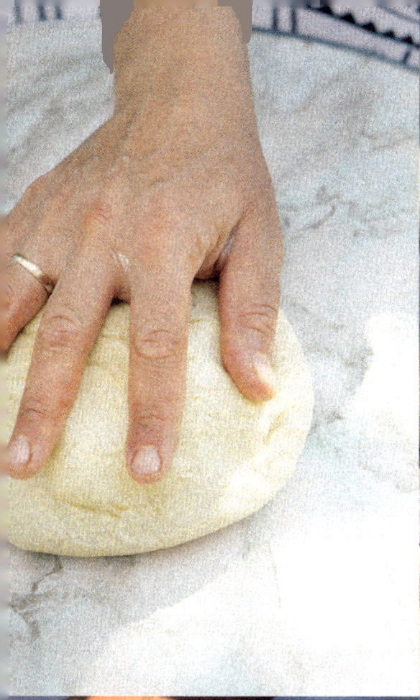

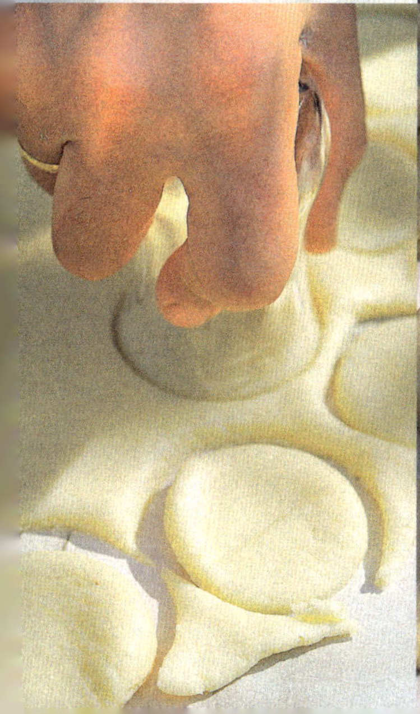

# Kandil Simidi
## Festtagskringel

Für 8-10 *Simit*

200 g Joghurt
200 g Butter
100 g geschmacksneutrales Pflanzenöl
1 TL Salz
2 EL Zucker
2 EL *Mahlep*-Pulver (siehe Glossar)
1 Eigelb
1 Backpulver
500 g Mehl
1 Eiweiß
Schwarzkümmel- und Sesamsamen

Zubereitungszeit: 1 Stunde, Backdauer: 30-35 Minuten

Joghurt, Butter, Öl, Salz, Zucker, Mahlep (es hält das Gebäck frisch und macht den Teig mürbe und locker) und Eigelb in einer Schüssel zu einer glatten Masse verrühren, das mit Backpulver vermischte Mehl nach und nach unterrühren und alles zu einem festen Teig verkneten. Walnussgroße Stückchen vom Teig abzupfen und zu Ringen formen; die Ringe mit Eiweiß bepinseln und mit Schwarzkümmel oder Sesam verzieren; auf ein mit Backpapier ausgelegtes Blech legen und im vorgeheizten Backofen bei 200 °C backen.

# Erişteli Yeşil Merçimek Çorbası

## Nudelsuppe mit grünen Linsen

Für 4-6 Personen

200 g grüne Linsen
1,5 l Wasser
100 g türkische Fadennudeln
1 kleine Zwiebel
2 EL Butter
1 EL Tomatenmark
1 TL getrocknete Minze
½ TL Paprikapulver (mild oder scharf)
1 TL Salz

Zubereitungszeit: 40 Minuten, Garzeit: 30 Minuten

Die Linsen in einem Sieb gründlich waschen, abtropfen lassen. In einem Topf mit dem Wasser aufsetzen, aufkochen lassen und 10-15 Minuten kochen. Die Linsen sollen gar, aber nicht matschig sein. Dann die türkischen Nudeln dazugeben, den Herd ausschalten bzw. auf die niedrigste Stufe stellen und beides weitere 10 Minuten ziehen lassen.

Die Zwiebel schälen und klein hacken. In einem kleinen Topf die Butter schmelzen lassen und die klein gehackte Zwiebel darin goldgelb anbraten. Dann das Tomatenmark, die getrocknete Minze und das Paprikapulver kurz unterrühren. Die Mischung in den Topf zur Suppe geben, mit Salz abschmecken und heiß servieren.

# Kuru Fasulye

## Weiße-Bohnen-Salat

Für 4-6 Personen

250 g weiße Bohnen
200 g Lamm- oder Rindfleisch
3 EL Keimöl
1 Zwiebel, fein gehackt
1 EL Tomatenmark
1,5 TL Salz
1,5 l Wasser

Zubereitungszeit: 1,5 Stunden (plus 12 Stunden Einweichzeit), Garzeit: 1 Stunde, im Schnellkochtopf 7-8 Minuten

Die weißen Bohnen gründlich waschen und in einer mit Wasser gefüllten Schüssel über Nacht einweichen lassen.
Das Fleisch in kleine Stücke schneiden und in einem Topf ohne Öl garen, bis es den austretenden Fleischsaft wieder völlig aufgenommen hat. Dann das Öl dazugeben und die gehackte Zwiebel unterrühren. Anschließend Tomatenmark, Salz und eineinhalb Liter Wasser in den Topf geben, die abgegossenen Bohnen unterrühren und alles kochen lassen, bis die Bohnen gar sind.
Sie können das Gericht mit frischem Brot oder mit Reis-Pilav servieren.

Wenn Sie die Bohnen nicht einweichen wollen, müssen sie vor der weiteren Verarbeitung in 800 Milliliter kaltem Wasser aufgesetzt werden und bei mittlerer Hitze 20-25 Minuten kochen.

# Et Kavurması

## Gebratenes Fleisch

Für 4 Personen

1 kg Lamm- oder Rindfleisch
100 ml Mineralwasser
50 ml Keimöl oder 50 g Butter
½ TL Salz

Zubereitungszeit: 30 Minuten

Das Fleisch in kleine Stückchen schneiden. In einer beschichteten Pfanne mit dem Mineralwasser auf minimaler Hitze kochen, bis das Fleisch das Wasser völlig aufgesogen hat. Dann Öl oder Butter dazugeben und braten. Zum Schluss salzen und 10-12 Minuten braten.

Mit Reis-Pilav oder Bulgur-Pilav servieren. Sehr appetitlich sieht es aus, wenn man kleine Schälchen bis zur Hälfte mit Fleisch füllt, darüber Reis- oder Bulgur-Pilav gibt, diesen fest andrückt und dann die Schälchen auf einen Servierteller stürzt.

# Tatlılar SÜSSES

Der Variantenreichtum von Süßspeisen und Gebäck zeigt, wie beliebt Zuckerbäckerei in der Türkei ist. Ganz weit oben auf der Hitliste rangiert *Helva*, das auf Basis von Mehl, Grieß oder Sesamsamen zubereitet und mit verschiedenen Sorten von Nüssen oder Kakao angereichert wird. Wir haben übrigens die einfache Variante „Mehl-*Helva*" gewählt – zum Einstieg sozusagen. Genauso gerne wird *Lokum* gegessen, die Würfel aus festem Zuckersirup, die oft mit Pistazien oder Nüssen gefüllt und in Kokosraspel oder Puderzucker gehüllt in vielen Farben verführerisch strahlen. Oder *Baklava*, das sich überall, auch über die Landesgrenzen hinaus, größter Beliebtheit erfreut.

Die Bedeutung dieser Süßigkeiten sieht man allein schon daran, dass es für jede eine eigene Berufsbezeichnung gibt. Der *Helvacı*, der *Lokumcu* und der *Baklavacı* haben sich jeweils auf die Herstellung einer dieser Köstlichkeiten spezialisiert. Und sie verkaufen sie in ihren Läden, wo man sie vorher im Schaufenster in all ihrer Pracht bewundern kann. Wer sich beim Genuss von solchen „Kalorienbomben" ein wenig zurückhalten will, der kann vielleicht stattdessen eine Portion Aprikosenkompott, ein Schälchen Milchreis oder einfach Joghurt mit frischen Früchten genießen.

Nicht nur in der heißen Jahreszeit kann man ohnehin aus dem herrlichen Angebot an frischem Obst schöpfen. Auf den Märkten finden Sie im Frühsommer zum Beispiel die berühmten Kirschen aus Bursa, Aprikosen aus Zentralanatolien und im Herbst Granatäpfel in verschiedenen Größen und Farben. Im Hochsommer haben sämtliche Sorten von Melonen ebenso Konjunktur wie Pfirsiche und frische Feigen. Im Restaurant bekommt man als Nachtisch dann oft aufgeschnittene Früchte, die mit Eiswürfeln auf einem großen Teller serviert werden.

Übrigens: Wenn Sie Vergnügen am Backen (gewonnen) haben, sollten Sie sich ein „Tepsi" zulegen. Tepsis sind runde Backformen mit hohem Rand, die es in verschiedenen Größen mit glattem oder geriffeltem Boden gibt. Wir verwenden sie für viele Kuchen, aber auch Pasteten oder Kekse. Besonders praktisch sind sie, wenn Gebäck mit Zuckersirup beträufelt wird, weil aus ihnen nichts auslaufen kann.

# Elmalı Kurabiye

## Apfelhörnchen

Für 1 Backblech

*Für die Füllung:*
3 Äpfel
1 TL Zimt
3 EL Zucker
50 g grob gehackte Walnüsse
*Für den Teig:*
200 g Butter
100 g Zucker
1 Ei
3 EL Joghurt
2 EL Mondamin
1 Päckchen Backpulver
700 g Mehl
2 EL Puderzucker

Zubereitungszeit: 1 Stunde, Backdauer: 20-25 Minuten

Zuerst die Äpfel waschen, schälen und grob reiben. Mit Zimt, Zucker und grob gehackten Walnüssen mischen. Mit etwas Zitronensaft beträufeln, damit die Äpfel nicht braun werden.
Butter, Zucker und Ei schaumig rühren. Den Joghurt unterheben. Das mit Backpulver und Mondamin gemischte Mehl nach und nach einrieseln lassen, unterrühren und zu einem festen, glatten Teig kneten; 30 Minuten kühl stellen.
Anschließend den Teig in vier gleich große Stücke teilen.
Die Teigstücke möglichst rund, ungefähr zwei Millimeter dick ausrollen und mit einem Messer oder einem Pizzaschneider wie dreieckige Tortenstückchen schneiden. Danach jeweils im breiteren oberen Drittel der Teig-Dreiecke einen Teelöffel der Füllung verteilen, zu Hörnchen rollen und diese auf ein mit Backpapier ausgelegtes Kuchenblech legen.
Im auf 200 °C vorgeheizten Backofen 20-25 Minuten backen, bis die Hörnchen goldbraun sind. Nach dem Abkühlen mit Puderzucker bestäuben.

Die Hörnchen schmecken am besten, wenn sie nicht ganz frisch und knackig sind, sondern ein bisschen weich werden konnten. Man kann auch hier natürlich die Walnüsse durch andere Nüsse oder Mandeln ersetzen.

## Gül Reçeli

## Rosenmarmelade

1 kg Zucker
1 l Wasser
200 g Blütenblätter von frisch gepflückten ungespritzten Duftrosen
1 EL Zitronensaft

Zubereitungszeit: 1,5 Stunden

In einem Topf Zucker und Wasser 25-30 Minuten kochen lassen, bis die Flüssigkeit zu Sirup eingekocht ist. Die gewaschenen und abgetropften Blütenblätter in den Topf geben und 5-6 Minuten kochen lassen. Zitronensaft dazugeben und noch etwa. 2 Minuten köcheln lassen. Noch heiß in vorbereitete Gläser abfüllen.

Ernten Sie die Rosen, wenn sich die Blüten gerade öffnen. Sie haben dann den stärksten Duft.

## Kuşburnu Reçeli

## Hagebuttenmarmelade

1 kg Hagebutten
700 g Zucker
700 ml Wasser

Zubereitungszeit: 2 Stunden

Hagebutten nur waschen und in einem Topf mit 700 Milliliter Wasser ca. 1 Stunde kochen lassen, bis die Hagebutten weich sind. Jetzt erst werden bei dieser Zubereitungsart die Hagebutten von den Kernen und Härchen gesäubert. Dazu werden die gekochten Früchte zunächst mit der Hand durch ein Sieb gedrückt (Achtung: Einmalhandschuhe anziehen!) und zermatscht. Der Brei wird anschließend noch mal durch ein Haarsieb püriert, damit wirklich keine Kerne oder Härchen in die Marmelade gelangen. Den gewonnenen Hagebuttensaft mit dem Zucker mischen und 30- 40 Minuten kochen lassen. Noch heiß in die vorbereiteten Gläser füllen.

Der bei der Marmeladenherstellung gewonnene Saft schmeckt auch als kaltes Getränk hervorragend. Man muss auch nur sehr wenig Zucker hinzufügen.

# Gül Tatlısı

## Süße „Rosen"

Für 1 Backblech

*Für den Teig:*
250 g Butter
3 EL Joghurt
1 Ei
1 Päckchen Backpulver
500 g Mehl
100 g Walnüsse
*Zuckersirup:*
550 g Zucker
600 ml Wasser
Saft von ½ Zitrone

Zubereitungszeit: 1 Stunde, Backdauer: 30-35 Minuten

Butter, Joghurt und Ei in einer Schüssel gut verrühren, das mit Backpulver vermischte Mehl unterrühren und alles zu einem festen Teig verkneten. 1 Stunde kühl stellen. Anschließend den Teig in drei gleich große Stücke teilen, diese fünf Millimeter dick ausrollen und mit einem Glas Kreise ausstechen (Durchmesser etwa sechs Zentimeter). Jeweils drei Kreise versetzt übereinanderlegen; in die Mitte eine Walnuss geben, die „Blütenblätter" um die Walnüsse herum hochklappen und ganz leicht andrücken, sodass sie beim Backen nicht auseinanderfallen.

Die Rosen auf ein eingefettetes Backblech mit hohem Rand oder in eine Auflaufform geben und im vorgeheizten Backofen bei 150 °C 30-35 Minuten backen.

Für den Sirup Zucker und Wasser im offenen Topf 15 Minuten köcheln lassen, den Zitronensaft dazugeben, unterrühren und kurz weiterköcheln lassen.

Die fertigen Rosen mit dem nicht mehr kochend heißen Sirup übergießen und 24 Stunden ziehen lassen.

# Hurma Tatlısı

## Süße „Datteln"

Für 1 Backblech

*Für den Teig:*

1 Ei

100 g Butter

1 EL Joghurt

100 ml geschmacksneutrales Pflanzenöl

1 TL Backpulver

400 g Mehl

80 g gehackte Walnüsse

*Zuckersirup:*

300 g Zucker

300 ml Wasser

3-4 Tropfen Zitronensaft

Zubereitungszeit: 1 Stunde, Backdauer: 30-35 Minuten

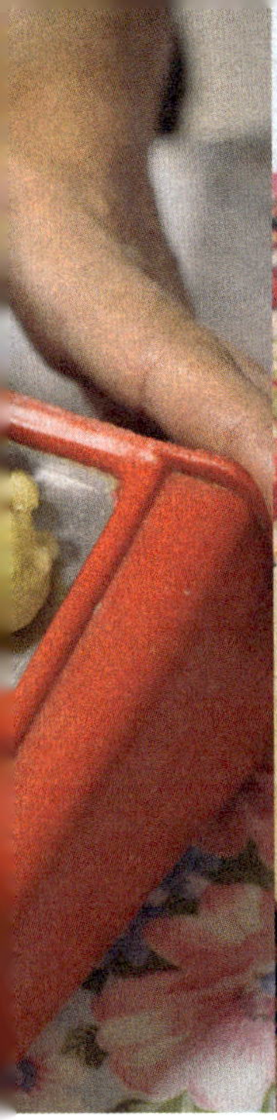

Für den Teig Ei, Butter, Joghurt und Öl in einer Schüssel gut verrühren. Das mit Backpulver gemischte und gesiebte Mehl dazugeben und alles zu einem festen Teig formen; zum Schluss die Walnüsse unterkneten. Mandarinengroße Stücke vom Teig abzupfen und zu etwa fünf Zentimeter langen Ovalen formen, mit einer groben Reibe vorsichtig über die „Datteln" ziehen, auf ein eingefettetes Backblech legen.
Die „Datteln" im vorgeheizten Backofen bei 180-200 °C goldbraun backen und abkühlen lassen.

In der Zwischenzeit den Sirup vorbereiten: Zucker und Wasser im offenen Topf 15 Minuten köcheln lassen. Zum Schluss den Zitronensaft dazugeben, kurz weiterköcheln lassen. Den Zuckersirup über die „Datteln" gießen und einziehen lassen.

Wenn Sie die „Datteln" sehr süß mögen, können Sie sie nach etwa 1 Stunde im Zuckersirup wenden und noch mal ziehen lassen.

# Revani

## Grießsüßspeise

Für 1 Backblech

5 Eier
180 g Zucker
200 ml geschmacksneutrales Pflanzenöl
120 g Mehl
1 Päckchen Backpulver
140 g Weichweizengrieß
*Für den Zuckersirup:*
500 g Zucker
1 l kaltes Wasser
50 g gehackte Pistazienkerne zum Verzieren

Zubereitungsdauer: 20 Minuten, Backdauer: 25-30 Minuten

Eier und Zucker in einer Schüssel schaumig schlagen. Das Öl, das mit Backpulver gemischte und gesiebte Mehl und den Grieß langsam dazugeben und zu einem glatten Rührteig verarbeiten. Die Masse gleichmäßig auf einem eingefetteten oder mit Backpapier ausgelegten Blech mit hohem Rand verteilen.

Im vorgeheizten Backofen bei 170 °C auf mittlerer Stufe backen, bis die Oberfläche goldbraun ist.

In der Zwischenzeit den Sirup vorbereiten. In einem Topf Wasser und Zucker unter ständigem Rühren bei geringer Hitze aufkochen lassen; so lange kochen lassen, bis sich der Zucker ganz aufgelöst hat.

Den Kuchen aus dem Ofen nehmen und den Sirup vorsichtig darübergießen, solange beides noch warm ist. Mit gehackten Pistazienkernen verzieren, abkühlen lassen, in Stücke schneiden und servieren.

# Sütlaç
## Milchreis

Für 4-6 Personen

350 ml Wasser
250 g Rundkornreis
1 l warme Milch
200 g Zucker
1 EL Speisestärke
Zimt

Zubereitungszeit: 30 Minuten

Das Wasser zum Kochen bringen. Den gewaschenen Reis dazugeben und kochen lassen, bis er halb weich ist. Dann die Milch dazugeben, aufkochen lassen und die Hitze sofort reduzieren.
In einer kleinen Schüssel die Speisestärke mit ein wenig Wasser verrühren, langsam in den Topf gießen und alles bei minimaler Hitze 10 Minuten köcheln lassen.
Den Zucker dazugeben, weitere 5-6 Minuten köcheln lassen. Vom Herd nehmen, wenn sich die Flüssigkeit etwas abgesetzt hat, und gar quellen lassen. Der Milchreis soll weich und geschmeidig, aber nicht zu flüssig sein.
Auf Schälchen verteilen und abkühlen lassen. Nach Belieben mit Zimt bestreuen.

Man kann auch Zucker daraufstreuen und ihn im Ofen karamellisieren lassen.

# *Zebrapastası*
## Zebrakuchen

Für 1 runde Kuchenform

5 Eier
250 g Zucker
250 ml geschmacksneutrales Pflanzenöl
125 ml lauwarmes Wasser
1 Päckchen Vanillezucker
375 g Mehl
1 Päckchen Backpulver
2 EL Kakaopulver
etwas Milch

*Für die Glasur:*
200 g gesiebter Puderzucker
3 EL Zitronensaft, frisch gepresst
4 EL warmes Wasser

Zubereitungszeit: ca. 40 Minuten, Backdauer: ca. 60 Minuten

Die Eier trennen und das Eiweiß zu Eischnee schlagen. Die Eigelbe und den Zucker schaumig schlagen, nach und nach das Öl und das Wasser dazugeben und unterrühren, dann den Vanillezucker, das gesiebte und mit Backpulver vermischte Mehl zum Teig geben und zu einem glatten Teig rühren. Anschließend den Eischnee vorsichtig unterheben.

Etwa die Hälfte des Teiges in eine andere Schüssel geben, das Kakaopulver und ein wenig Milch dazugeben und mit einem Löffel gut verrühren; auch der dunkle Teig muss glatt und ohne Klümpchen sein. Eine runde Backform mit glattem Boden wählen oder eine mit Backpapier ausgelegte Springform. Dann immer abwechselnd einen Esslöffel dunklen und hellen Teig in der Mitte der Backform aufeinandergeben, bis der Teig aufgebraucht ist. Durch das Auseinanderfließen des Teigs entsteht das braun-weiße Streifenmuster, das dem Kuchen seinen Namen gegeben hat.

Ca. 1 Stunde bei 170 °C im Backofen backen. Mit einem Holzstäbchen testen, ob noch Teig kleben bleibt, wenn ja, einige Minuten länger backen. Den Kuchen abkühlen lassen.

Für die Glasur den gesiebten Puderzucker mit dem Zitronensaft und dem Wasser verrühren, bis die Masse glatt und glänzend ist. Den erkalteten Kuchen sofort mit der Glasur überziehen oder mit Puderzucker bestreuen.

# Cevizli Kurabiye
## Walnussplätzchen

Für 1 Backblech

250 g Butter
75 g Puderzucker
1 TL Zimt
50 g grob gehackte Walnüsse
ca. 350 g Mehl
Puderzucker zum Bestreuen

Zubereitungszeit: 30 Minuten, Backdauer: 20-25 Minuten

Die Butter mit einer Gabel zerstückeln und mit dem Puderzucker schaumig rühren. Den Zimt und die gehackten Walnüsse unterrühren, gut mischen und langsam das Mehl dazugeben, bis ein geschmeidiger Teig entsteht, der nicht mehr an den Händen klebt. Die Mehlmenge kann dabei variieren.

Anschließend vom Teig walnussgroße Stücke abzupfen, diese in der Hand zu kleinen Kugeln formen, dann auf der Unterseite etwas platt drücken und auf ein eingeöltes oder mit Backpapier ausgelegtes Backblech legen. Im vorgeheizten Backofen bei 180 °C 20-25 Minuten nur leicht braun backen, Puderzucker darüberstreuen und servieren.

# Un-Helvası

## Mehl-Helva

Für 4-6 Personen

250 ml geschmacksneutrales Pflanzenöl
350 g Mehl
170 g Zucker
200 g Milch
100 ml Wasser
50 g Walnüsse, sehr fein gehackt

Zubereitungszeit: 40 Minuten

Das Öl in eine beschichtete Pfanne geben. Während es sich erwärmt, langsam das Mehl einrieseln lassen. Ganz kurz bei starker Hitze anbraten und dann unter ständigem Rühren 30-35 Minuten bei minimaler Hitze rösten. Das Mehl soll nur goldbraun werden! Pfanne vom Herd nehmen. In einer anderen Pfanne Zucker, Milch und Wasser aufkochen lassen, bis der Zucker geschmolzen ist, dabei ständig leicht rühren, etwas eindicken lassen. Dann nach und nach die Masse aus Öl und Mehl dazugeben, dabei stetig rühren, damit sich keine Klümpchen bilden und nichts ansetzt. Zum Schluss die fein gehackten Walnüsse unterrühren.

*Helva* in löffelgroßen Portionen auf einem Teller anrichten oder die ganze Masse in eine rechteckige Form füllen, abkühlen lassen und – genau wie Baklava – in rechteckige Stückchen schneiden.

Um das Ankleben der *Helva*-Masse am Löffel zu verhindern, stellt man sich ein Glas mit kaltem Wasser bereit, in das man den Löffel zwischendurch eintauchen kann.

# *Cevizli Kek*
## Walnusskuchen

Für 1 Gugelhupf-Form

4 Eier
300 g Zucker
100 ml geschmacksneutrales Pflanzenöl
200 ml Milch
350 g Mehl
1 TL Backpulver
100 g Walnüsse, gehackt
*Für die Dekoration:*
12 Walnuss-Hälften

Zubereitungszeit: ca. 20 Minuten, Backdauer: 1 Stunde

In einer Schüssel Eier und Zucker schaumig rühren. Danach langsam zuerst das Öl, dann die Milch und dann das mit Backpulver gemischte und gesiebte Mehl hinzufügen und alles zu einem Rührteig verarbeiten; dabei die gehackten Walnüsse unterziehen.
Die fertige Masse in eine gefettete Gugelhupf-Form füllen und bei 175 °C ca. 60 Minuten backen.
Nach 45 Minuten zur Garprobe mit einem Hölzchen in den Kuchen stechen. Wenn kein Teig daran haften bleibt, ist der Kuchen fertig.
Nach dem Backen den Kuchen fünf Minuten in der Form abkühlen lassen, dann vorsichtig auf einen Kuchenteller stürzen und mit den Walnüssen dekorieren.

# Kadayıf Tatlısı
## Süße Teigfäden

Für eine rechteckige Auflaufform

500g frische Teigfäden *(Kadayıf)* aus dem türkischen Lebensmittelladen
250 g Butter
150 g Walnüsse, fein gehackt
*Zuckersirup:*
550 g Zucker
600 ml Wasser
Saft von ½ Zitrone

Zubereitungszeit: 45 Minuten, Backdauer: 25 Minuten, Ruhezeit: 1 Stunde

Die Teigfäden in einer Schüssel auseinanderzupfen. Die Butter schmelzen, über die Teigfäden gießen und beides locker miteinander vermengen.
Die eine Hälfte der Teigfäden in eine Auflaufform geben, 100 Gramm der gehackten Walnüsse darauf verteilen, die andere Hälfte der Teigfäden darübergeben und leicht andrücken. Die Form in den nicht vorgeheizten Backofen stellen; die Temperatur auf 200 °C einstellen und die Teigfäden nach Erreichen dieser Temperatur noch ca. 25 Minuten goldbraun backen.
In der Zwischenzeit den Sirup vorbereiten: Den Zucker mit dem Wasser aufkochen und 20-25 Minuten bei ganz geringer Hitze unter ständigem Rühren kochen lassen. Die Flüssigkeitsmenge soll sich etwas reduzieren. Dann den Zitronensaft dazugeben, weitere zwei Minuten kochen lassen und kalt stellen.
Den lauwarmen Zuckersirup gleichmäßig auf den noch heißen *Kadayıf* verteilen, die restlichen gehackten Walnüsse darüberstreuen und mindestens eine Stunde ruhen lassen.

Man kann statt der Walnüsse auch gemahlene Pistazien, Haselnüsse oder Mandeln für die Zubereitung dieser süßen Köstlichkeit nehmen.

# Havuçlu Kek

## Karottenkuchen

Für 1 Springform

200 g Karotten
3 Eier
350 g Zucker
200 ml geschmacksneutrales Pflanzenöl
360 g Mehl
1 Päckchen Backpulver
100 g gehackte Walnüsse
1 TL Zimt

Zubereitungszeit: 30 Minuten, Backdauer: 1 Stunde

Zunächst die Karotten waschen, schälen und fein reiben.
In einer Schüssel Eier und Zucker gut verquirlen. Vorsichtig das Öl unterrühren. Nach und nach das mit Backpulver gemischte und wenn nötig gesiebte Mehl hinzufügen und zu einem glatten, weichen Teig verrühren. Anschließend die Walnüsse, den Zimt und die geriebenen Karotten vorsichtig unterheben.
Die fertige Teigmasse in eine eingefettete und bemehlte Springform füllen und bei etwa 175 °C 1 Stunde im vorgeheizten Backofen backen.

AĞIRLIK
Kg.
BIRIM FIYAT
YTL.
1.040
20.00
HAFIZA
1-54
TUTAR
YTL.
20.80
CONCORDE-P
HANA
COMPUTING

# Ispanakli Pasta
## Süßer Spinatkuchen

Für eine eckige Auflaufform

3 Eier
300 g Zucker
1 Päckchen Vanillezucker
90 ml geschmacksneutrales Pflanzenöl
250 g Mehl
etwas Milch nach Bedarf
250 g TK-Rahmspinat
400 g Schlagsahne
2 EL Zucker
500 g Magerquark

Zubereitungszeit: 30 Minuten, Backdauer: 45 Minuten

Vor der Zubereitung des Kuchens den Spinat auftauen lassen.
Für den Teig die Eier mit Zucker und Vanillezucker schaumig rühren. Nach und nach das Öl hinzufügen und unterrühren. Das Backpulver mit dem Mehl vermischen und langsam in die Eiermasse einrieseln lassen, dabei vorsichtig rühren. Der Teig soll eine cremige Konsistenz haben, also nach Bedarf etwas Milch oder Mehl dazugeben. Dann den aufgetauten Spinat gründlich unterheben. Eine rechteckige Form mit Backpapier auslegen. Die Teigmasse in die Form füllen und im auf 180 °C vorgeheizten Backofen ca. 45 Minuten backen.
Den Kuchen kalt stellen. Danach mit einem Messer etwas von den Rändern des Kuchens abschneiden und zerbröseln.
Die Sahne schlagen, Zucker und Quark zu einer glatten Masse verrühren und vorsichtig mit der Sahne vermischen; die Sahne-Quark-Mischung auf dem abgekühlten Kuchen verstreichen und die Kuchenbrösel drüberstreuen.

# Glossar

**Bulgur:** ist Hartweizengrütze. Sie wird gewonnen, indem der Weizen zunächst gekocht und dann getrocknet wird. Anschließend wird das zusätzlich von der Kleie gereinigte Korn geschnitten. Bulgur ist fein, mittel und grob geschnitten erhältlich.

**Dövme buğday:** ist Weizenschrot. Er wird gewonnen aus Weizenkörnern, die zunächst eingeweicht, dann getrocknet und anschließend geschrotet, also gequetscht bzw. gemahlen werden.

**Kadayıf:** sind ganz dünne, lange Teigfäden, hergestellt aus Weizenmehl, Wasser und Salz. Die frischen Teigfäden findet man abgepackt im Kühlregal des türkischen Supermarkts.

**Kreuzkümmel:** ist ein Gewürz, das in der asiatischen und orientalischen Küche sehr verbreitet ist. Er schmeckt angenehm aromatisch. Kreuzkümmel sollte man nicht durch Kümmel ersetzen, denn sie sind – obwohl sie ähnlich aussehen – im Geschmack sehr unterschiedlich.

**Mahlep:** ist ein Pulver aus den zermahlenen Steinen der Weichselkirsche.

**Paprikamark (Biber salçası):** gehört wie Paprikapulver in viele türkische Fleisch- oder Gemüsegerichte. Es wird aus reifen Paprikaschoten hergestellt, die vor dem Einkochen in der Sonne getrocknet werden (ähnlich wie Tomatenmark). Es ist nur mit Salz gewürzt. Man bekommt es in zwei Varianten, mild (*tatlı*) und scharf (*aclı*).

**Paprikapulver:** spielt in der türkischen Küche eine große Rolle. Es ist fein gemahlen erhältlich oder grob gemahlen unter dem Namen **Pul biber**. Es ist nicht ganz so scharf wie gemahlene Chilischoten, aber kräftiger als edelsüßes Paprikapulver.

**Sumach:** sind die Beeren eines Strauchs, der wild im Mittelmeergebiet wächst. Sie werden frisch oder getrocknet als Würze für verschiedene Fleischgerichte verwendet. Man kann Sumach als Pulver (oft auch gemischt mit Salz und Pfeffer) kaufen. Als Ersatz kann man auch Zitronensaft oder Tamarindenpaste verwenden.

**Tarhana:** ist eine Pulvermischung aus Mehl, getrocknetem Gemüse und Joghurt zur Zubereitung von Suppen.

**Weinblätter:** gibt es küchenfertig abgepackt in Salzlake eingelegt.

**Yufka:** ist ein sehr dünner Teig, der dem deutschen Strudelteig ähnelt. Es gibt ihn meist in 500-g-Packungen im Kühlregal.

# Anmerkungen zur türkischen Aussprache

Eigentlich wird das Türkische genauso gesprochen, wie man es schreibt. Es gibt aber einige Besonderheiten, die man kennen und z. B. beim Einkaufen beachten sollte. Und außerdem, weil es einfach mehr Spaß macht, wenn man die Dinge richtig beim Namen nennen kann.

a: wird **kurz** gesprochen:
balık (Fisch), havuç (Karotte) oder kabak (Zucchini, Kürbis)

c: wird wie **dsch** gesprochen:
mercimek (Linsen), patlıcan (Aubergine) oder ceviz (Walnuss)

ç: wird wie **tsch** gesprochen:
çorba (Suppe) oder havuç (Karotte)

e: wird **kurz und offen** gesprochen:
mercimek (Linsen), şeker (Zucker), patates (Kartoffel)

ğ: wird **gar nicht** gesprochen:
yoğurt sprich Joourt (Joghurt) oder buğday sprich buuday (Weizen)

h: wird in manchen Gegenden der Türkei wie ein h gesprochen, in manchen Gegenden im Wort oder am Wortende **auch als ch**:
kahve (Kaffee)

ı: ist ein etwas schwierig zu beschreibender Laut, der einem ganz kleinen, tonlosen e ähnelt. Achten Sie doch einfach mal darauf, ob Sie ihn hören, wenn in Ihrer Umgebung türkisch gesprochen wird. Hier einige Beispiele aus dem Rezeptverzeichnis: patlıcan (Aubergine), pırasa (Lauch), patates salatası (Kartoffelsalat), mantı (Teigtäschchen), balık (Fisch)

j: wird am Wortanfang wie ein **weiches sch** gesprochen:
jambon (Schinken), jöle (Gelee, Sülze). Solche Wörter sind eigentlich immer dem Französischen entnommen.

s: wird wie ein **ß** gesprochen:
salça (Sauce), sebze (Gemüse)

ş: wird wie **sch** gesprochen:
Şeker Bayramı (Zucker-Fest), şiş (Spieß), aşure (süße Suppe mit Früchten), yeşil (grün)

v: wird wie **w** gesprochen:
Pilav (Reisgericht), Bülbül Yuvası (Nachtigallen-Nester)

y: wird wie ein **j** gesprochen:
Yufka oder Yayla Çorbası (Almsuppe), yağ (Öl)

z: wird wie ein **weiches s** gesprochen:
zeytinyağ (Olivenöl), ceviz (Walnuss), taze (frisch)

Yeşil mercimek çorbası ( grüne Linsen-Suppe) hört sich dann so an: jeschil merdschimek tschorbaße

# Çok Teşekkür ederim

Vielen Dank

... an Florentine Schwabbauer vom Christian Verlag, ohne deren Überzeugungsarbeit und uneingeschränkte Unterstützung dieses Buch nie entstanden wäre. Sie hat alles dafür getan, dass mein Kochbuch ein besonders schönes und authentisches Buch geworden ist.

... an Cettina Vicenzino, der es so wunderbar gelungen ist, die Atmosphäre unseres gemeinsamen türkischen Koch-Abenteuers einzufangen und sowohl das Kochen als auch die fertigen Speisen so stimmungsvoll ins Bild zu setzen.

... an Stefanie Hoenes, die dank ihrer Türkisch-Kenntnisse und ihrer Türkei-Erfahrungen unsere Rezepte und Texte mit viel Einfühlungsvermögen und großem Interesse überarbeitet und aufgeschrieben hat.

... an meinen Mann, der im Sommer zwischen München und Sivas pendeln musste, um neben seiner Arbeit den Transport der Familie und vieler Kochutensilien zu bewerkstelligen.

... an unsere Tochter Hilal, die neben Studium und Prüfungsstress alle Familienrezepte und Texte ins Deutsche übersetzt hat.

... an unsere anderen Kinder Hasan, Halenur und Aycanur, die ihre großen und kleinen Schulsorgen und Kindergartenprobleme manchmal sehr zurückstellen mussten, weil die Erwachsenen mit dem Buch beschäftigt waren.

... an alle Familienmitglieder und Dorfbewohner, Groß und Klein, die während unseres Türkei-Aufenthalts von morgens bis abends geholfen und darüber hinaus auch noch „gemodelt" haben.

# Echt türkisch!
## Rezeptverzeichnis

### Çorbalar & Salatalar - Suppen & Salate



### Düğün - Hochzeit



### Ekmek & Tuzlu Çörek - Brot & salziges Gebäck



### Dere Kenarında Piknik - Picknick am Fluss



### Sebzeler - Gemüse